군사법개론

Introduction to Military Law

김호·류지웅 공저

박영사

머 리 말

2024년 현재를 기준으로 놓고 보면 군 관련 법률은 최근 몇 년간 군사법원법, 군인의 지위 및 복무에 관한 기본법, 군인사법, 군무원인사법, 병역법, 군형법 등 다양한 분야에서 국민적 법감정과 시대의 변화를 반영하여 적지 않은 제개정이 이루어져 왔다.

일례로 먼저 지난 2022년 7월 1일부로, 군사법원법 전부 개정사항이 시행되면서 그동안 수없는 논란을 불러일으켰던 군사법 제도의 대대적인 개혁이 이루어졌다.

특히, 이번에 이루어진 군사법 제도개선은 평시 고등군사법원을 폐지하고 일부 범죄에 대하여 군수사기관과 군사법원에서 민간 수사기관과 일반 법원으로 수사권과 재판권이 이관됨으로써 전례 없는 변화가 수반되었다는 측면에서 가히 혁신적인 수준이라고 하겠다.

이와 함께 군형법 역시 과거 수십 년간 변화가 없었다가 근저에 들어 일부 범죄에 대한 형량이 변경되는 등 적지 않은 변화가 있었다.

그리고 근저에는 군사경찰의 직무수행에 관한 법률이 신규로 제정되는 등 내부 행정규칙에 근거하여 행사되었던 군내 경찰권을 법률에 기반하도록 함으로써 국민을 대리하는 국회의 통제 대상이 되도록 하는 등 군사법의 법치주의를 확립하게 되었다.

또한 군내 군인과 군무원 등에 대한 각종 기본권을 법으로 보장하기 위하여 과거 대통령령 등으로 규율되는 것을 군인의 지위 및 복무에 관한 기본법과 같은 법률로 승격하고 각종 군 행정에 관한 법률들도 현실을 감안하여 개정되었는데, 이런 각종 변화들을 종합적으로 반영한 군법 기본서가 그동안 부재하여 전반적인 변화의 흐름을 가늠하기 어렵다는 의견이 적지 않았다.

이에 저자들은 군내 행정에 관한 법령부터 군사법 제도의 변경사항을 전반적으로 반영하여 분석함으로써 최신 군법에 대한 이해를 돕고자 하였고 이를 위하여 2024년에 본 책자를 발간하게 되었다.

아무쪼록 현역 군인, 군무원, 사관생도 및 간부 후보생과 더불어 각급 군사학과에서 학업 중인 학생, 교직원 그리고 군법에 관심이 있는 독자들에게 이번 책자가 교양서적으로서 군법에 손쉽게 접근할 수 있는 길라잡이가 될 수 있기를 기대해본다.

끝으로 본 책자가 발간되기까지 저자들은 다음과 같이 감사의 인사를 드리고자 한다.

[저자 김호가 드리는 감사의 인사] 본 책자가 발간됨에 있어 아낌없는 조언을 해준 사랑스러운 나의 아내 강은애 님과 이 세상의 축복과 같은 우리 아들 김사무엘, 항상 마음의 안식처가 되어주신 부모님(김석수 님, 김은숙 님)과 형님(김상훈), 학생 시절 스승님으로서 학술적 토대를 세워주셨던 서울대학교 성낙종 교수님, 동국대학교 박병식 교수님, 연구자로서 모범이 되어주셨던 순천향대학교 오윤성 교수님, 군사경찰로서의 선구자가 되어주셨던 최병호 장군님, 전창영 장군님, 전문적인 식견을 함께 나누어주신 최제명 국군교도소장님, 대통령경호처 김태영 교수님, 국방부조사본부 선상훈 님과 이주호 님, 김재구 지구수사대장님, 박상융 변호사님, 육군 법무관이자 선배님이신 전도환 님, 강유미 님, 노재헌 님, 윤비나 님, 권성미 님, 양연실 님, 후배님이신 이창민 님, 백우영 님, 마지막으로 존경하는 現 박현수 국방부조사본부장님과 김승완 육군 군사경찰병과장님, 김상용 국방부조사본부 차장님 및 인치열 육군수사단장님, 진신도 군사경찰실 정책과장님, 이명우 계획운영과장님, 박성호 법집행과장님, 김경래 안전관리과장님, 김진락 육군중앙수사단장님, 김창학 수도방위사령부 군사경찰단장님, 박성일 2군단 군사경찰단장님, 김성곤 국방부조사본부 기획처장님, 류건수 3군단 군사경찰단장님, 신재룡 7군단 군사경찰대장님, 군사경찰 병과 대령분들(박안서 님, 조영두 님, 오성진 님 이하)과 모든 병과 선후배님들의 가르침에 진심으로 감사드립니다.

[저자 류지웅이 드리는 감사의 인사] 본 책자가 발간됨에 있어 아낌없는 조언과 해준 사랑하는 아내 이가은 아들 류재이, 한결같은 사랑으로 같은 곳에서 응원해 주시는 부모님(류종열 님, 여미숙 님)과 동생 류지하 님 그리고 장인어른 이종두 님, 장모님 한춘경 님께 감사드립니다. 학문의 길로 이끌어 주시고 학자의 마음가짐 등을 알려주시는 최정일 교수님 그리고 이 책의 제작 및 출판에 조언을 해주신 이명복 교수님과 동국대학교 모든 교수님들께 감사드립니다. 또한 이 책이 출간되는 과정에서 많은 도움을 주신 김종우 박사님 그리고 김나래 박사님의 학문적 발전을 항상 응원하며, 항상 올바른 길로 이끌어 주시는 백련사 정원스님께 감사드리면서 글을 마칩니다.

2024년 1월 삼각지에서 김 호, 류지웅 지음

차 례

군사제도와 법

제 1 장 군사제도와 법 / 13

제 2 장 법의 개념과 분류 / 26

군사행정과 법

군사사법제도

제 1 장 군사경찰의 직무수행에 관한 법률 / 99

제 2 장 군형법 / 109

제 3 장 군과학수사 / 122

제 4 장 군사법원법 / 131

제 5 장 군에서 형의 집행 및 군수용자에 관한 법률 / 156

제1부

군사제도와 법

군사제도와 법

제1절 대한민국 군사제도의 연혁

1. 기원

대한민국 국군은 대한제국군과 의병, 일제강점기의 독립군, 1939년 1월 8일에 결성된 한국독립당의 당군(黨軍) 그리고 1940년 9월 17일에 중국 충칭에서 창설된 한국 광복군에 뿌리를 두고 있다고 자처하고 있다.

그러나 실체적으로는 1946년 1월 15일에 편성된 미군정의 남조선국방경비대가 대한민국 국군의 시작이었다. 남조선국방경비대는 백선엽, 이용무, 양국진, 최덕신, 김백일, 유재흥, 신학진, 박동균 등 주로 일본군과 만주군 인맥들이 주축이었다.[1)]

2. 장군

1945년 8월 15일 해방과 더불어 움트기 시작했다. 과거 일본군·만주국군·중화민국 국민혁명군 등에 소속하였던 군사 경험자들은 조국의 광복(1945년 8월 15일)과 때를 같이하여 군사단체를 조직했다.

해병대(1945년 8월 23일)·국군준비대·육해공군 동지회·학병동맹·해방병단(海防兵團)(1945년 11월 11일) 등이 결성되었으나, 1945년 11월 13일 미 군정 법령 제

1) "陸軍八中領昇進". 동아일보. 1948년 12월 31일.

28호로 아놀드 군정장관 지휘하에 국방사령부가 설치되자 앞서 발족한 여러 군사단체들이 서서히 하나로 흡수되기 시작했다.

이 국방사령부의 설치는 국군 창설 최초의 시도로서 이때부터 비로소 대한민국의 국방을 위한 조직·편성·훈련이 착수되었다. 최초로 국군의 기간장교가 육성되기 시작한 것은 1945년 12월 5일에 미군정청(美軍政廳)이 군사영어학교를 설치하여 110명의 요원을 배출하는 때부터였다.

1946년 1월 15일에는 불과 대대 1개의 병력으로 남조선 경비대(초대 대장 마셜 미 육군중령)가 창설되었으며, 3월 29일에 공포된 미 군정법령 제64호에 따라 국방사령부가 국방부로, 6월 15일에는 미 군정법령 제86호에 따라 국방부가 다시 통위부(統衛部)로 개칭되었다(초대 통위부 부장 유동열, 초대총사령관 송호성).

이때부터 통위부 밑에 조선국방경비대와 해안경비대가 창설되었으니, 1946년 1월 15일 발족했던 남조선 경비대는 국방경비대로, 1945년 11월 11일 발족했던 해방병단은 해안경비대로 각각 발전하였다. 그해 12월 1일에는 현행 계급제도가 채택되었으며, 1948년 4월 1일에는 국방경비대 안에 항공부대가 창설되었다.

1948년 7월 17일에 대한민국 헌법과 정부조직법이 공포됨에 따라 초대 국방장관에 이범석 장군이 임명되었고, 8월 29일 국방경비대와 해안경비대는 국군으로 편입되어 9월 5일 마침내 육군(초대 참모총장 이응준) 및 해군(초대 참모총장 손원일)이 정식으로 발족하게 되었다. 이후 육군이 공군과 육군으로 나뉘고, 해군에 해병대가 창설되면서 현재의 구조를 갖추게 되었다.

한편 1948년 4월 1일 국방경비대 안에 창설되었던 항공부대는 9월 13일 육군항공사령부로 승격하고, 1949년 10월 1일 육군으로부터 군이 분리되어 공군(초대 참모총장 김정렬)으로 정식 발족함으로써 비로소 3군 체제형성의 발전적 기반을 마련하였다. 이보다 앞서 1949년 4월 15일 경상남도 진해시에서 해군의 예하인 해병대(초대 사령관 신현준)가 창설되었다.

3. 대한민국 국군의 구성

우리나라 국군은 크게 합동참모본부 조직, 육군, 해군, 공군, 주한미군과 증원전력으로 구성되어 있다. 합동참모본부 조직은 육군과 해군 그리고 공군의 작전부대를 모두 지휘·감독한다. 합동참모본부는 줄여서 합참이라고도 하며, 원래는 국방부 내의 비상설기구였다가 1963년에 창설되었다.

▎합동참모본부 주요 조직도

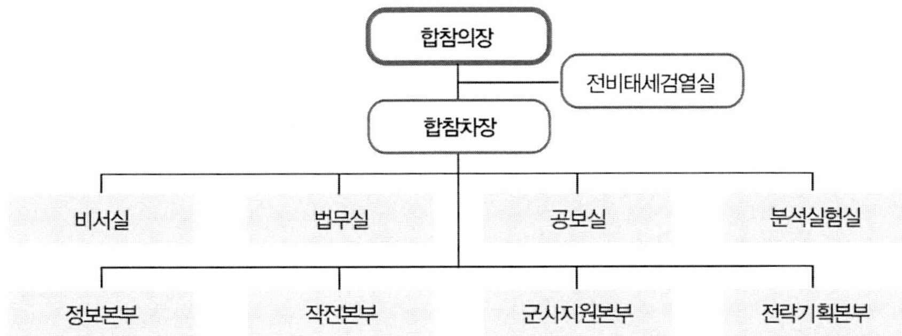

(출처: 2020 국방백서)

육군은 육군본부를 중심으로 2개의 작전사령부와 각 임무에 따른 사령부 그리고 기타 지원부대로 구성되어 있다. 구체적으로 지상작전을 통괄하는 지상작전사령부, 수도 서울을 보호하기 위한 수도방위사령부가 있으며, 특수작전과 평상시의 평화지원작전 임무를 수행하는 특수전사령부, 항공작전을 수행하는 항공작전사령부 등의 주요사령부와 지원부대로 구성되어 있다.

▎육군 주요 조직도

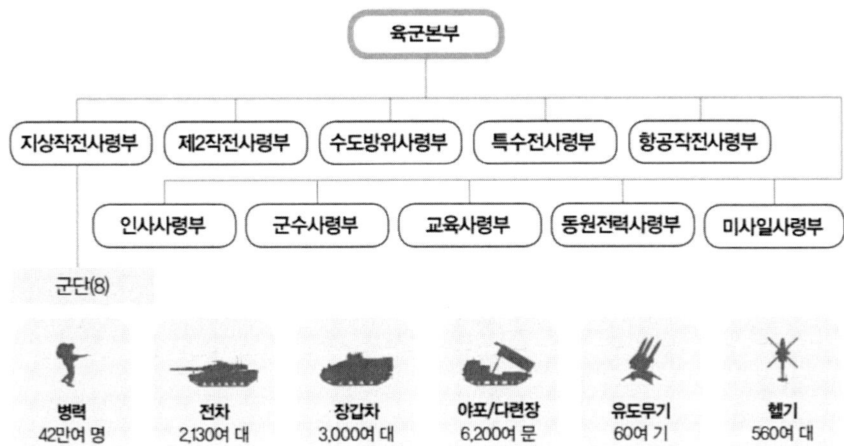

(출처: 2020 국방백서)

해군은 해군본부를 중심으로 전반적인 해군작전을 지휘하는 해군작전사령부와 상륙작전과, 책임지역과 및 전략도서과의 방어작전을 수행하는 해병대사령부, 서북도서에 대한 경계 방어임무를 수행하는 서북도서방위사령부, 그 외에 군수사령부와 교육사령부로 구성되어 있다.

▌해군 주요 조직도

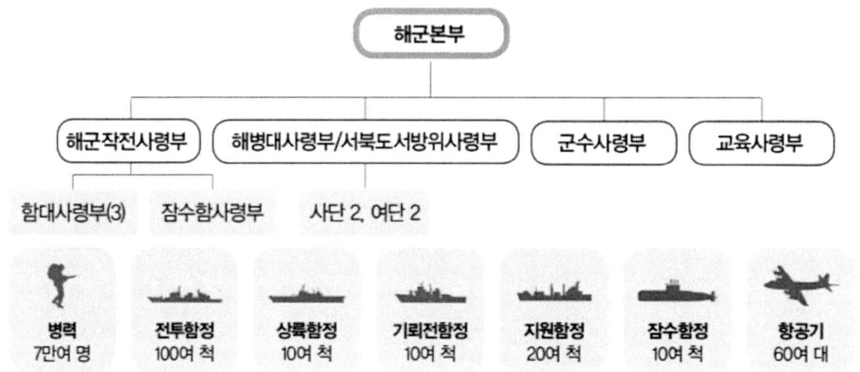

(출처: 2020 국방백서)

공군은 공군본부를 중심으로 전반적인 항공작전을 지휘하는 공군작전사령부와 군수사령부, 교육사령부로 구성되어 있다. 공군작전사령부는 공중전투사령부, 공중기동정찰사령부, 방공유도탄사령부, 방공관제사령부로 구성되어 있다.

▌공군 주요 조직도

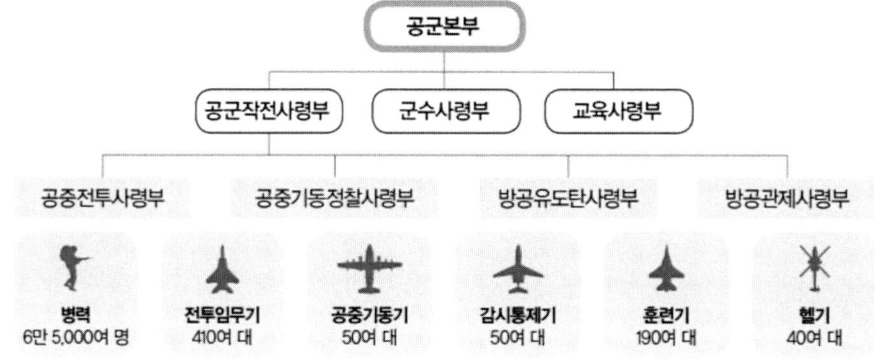

(출처: 2020 국방백서)

주한미군은 미8군사령부와, 주한미해군사령부, 주한미해병대사령부 등으로 구성되어 있으며 유사시에 병력 69만여 명과 함정 160여 척, 항공기 2,000여 대를 증원전력으로 투입한다.

주한미군 주요 조직도

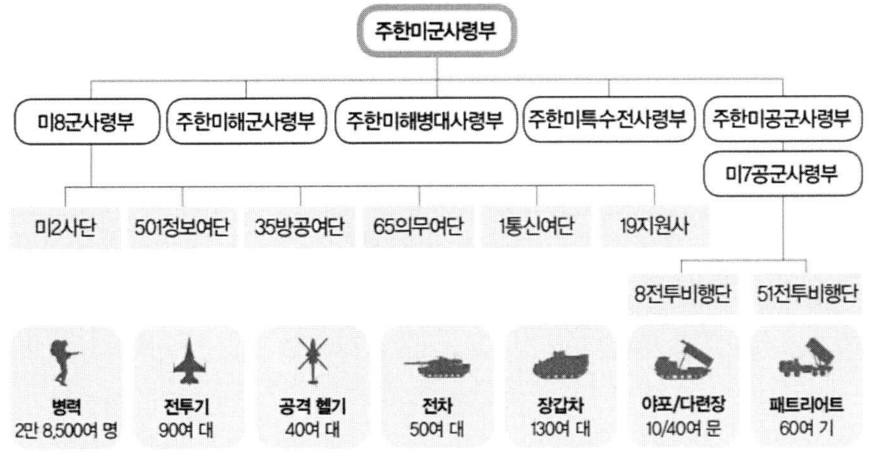

(출처: 2020 국방백서)

4. 대한민국 군사제도의 특징

우리나라는 한국전쟁이 일어난 1951년 이후로 징병제를 실시하고 있다. 한국전쟁 이전에는 모병제를 실시하였다. 최근에는 국가 전체의 출산율이 감소하면서 징병제의 한계를 보이고 있으며, 이에 대한 보완점이 논의되고 있다.

우리나라의 군사제도는 육군을 중심으로 포병전력이 매우 강하다는 특징이 있다. 포병 및 기갑전력은 다른 패권국가들에 비견될 정도이다.

제2절 군사제도의 법적 한계

1. 군사제도의 헌법적 근거

대한민국 헌법 제5조 제1항은 국제평화의 유지에 노력하고 침략적 전쟁을 부인한다고 하였으며, 제2항에서 국군은 국가의 안전보장과 국토방위의 신성한 의무를 수행하는 것을 사명으로 하며, 그 정치적 중립성은 준수된다고 규정하고 있다. 해당 조항은 대한민국의 군대가 존재하는 이유와 목적에 대한 내용을 규정하고 있다.

대한민국 군이 전쟁을 수행하여도 해당하는 전쟁은 자위(自衛)를 위하여만 수행할 것을 요구하고, 선제적인 공격은 최대한 자제해야 하는 것을 의미한다. 더 나아가 침략적 전쟁을 부인하고, 침략적인 전쟁을 위해서는 전쟁에 대비한 인력동원, 물자동원, 전시를 대비한 계획 및 점령지에 대한 통제계획 등 다양한 법령이 마련되어야 한다. 하지만 침략적 전쟁을 부인함으로써 점령을 대비한 조치는 원칙적으로 부정된다.

군대는 절대적으로 정치권력을 전복하여서는 아니 되며, 국민주권주의와 민주적 정당성에 근거한 정권교체만을 허용하도록 하고 있다.

대한민국 헌법 제27조에서 군인 또는 군무원은 군사재판을 받도록 규정하고 있다. 또한, 비상계엄하의 군사재판은 사형선고를 제외하고는 단심으로 할 수 있다. 이는 물리적인 유형력을 담보하고 있는 군대와 그 인적 구성요소인 군인에게 특별한 신분관계에 따라 엄격한 군기강을 확립하기 위하여 특별한 기본권 제한의 대상이 됨을 규정하고 있는 조항이다.

대한민국 헌법 제72조 제1항에서 대통령은 헌법과 법률이 정하는 바에 의하여 군군을 통수한다고 규정하고 있으며, 제2항에서 국군의 조직과 편성은 법률로 정한다고 규정한다. 이에 따라 조직에 대한 기본법으로 정부조직법을, 특별법으로 국군조직법을 제정하여 시행하고 있다.

대한민국의 군 통수권은 무제한적인 재량을 가진 권력이 되어서는 안 되며, 그 행사의 한계는 헌법과 법률이 정하는 범위 내에 있어야 함을 의미하고 있다. 통수권에는 양병작용인 군정과 용병작용인 군령이 포함된 개념인데, 이 두 가지의 개념을 포괄하여 헌법적인 통제범위 내에 두도록 하고 있다.

대한민국 헌법 제86조 제3항과 제87조 제4항에 따라 현역을 면한 후가 아니면 국무총리와 국무위원이 될 수 없으며, 헌법 제89조의16은 합동참모의장과 각 국의 참모총장의 임명은 국무회의의 심의를 거치도록 하고 있다. 이는 군인은 어디까지나 정권을 탈취하기 위한 조직이 되어서는 안 됨을 선언하고, 군인이 아닌 한 개인이 정치적인 의사가 있다면 전역 후 국민의 민주적 정당성, 즉 선거를 통해서 선출되어야 그 자격이 주어지도록 하는 규범조항이다.

헌법조항을 통해 대한민국의 군사제도는 국민주권주의, 민주주의, 권력분립 등의 이념과 조화롭게 존재하기 위한 다양한 법제도적 장치를 마련하고 있다.

2. 군사제도와 조약

대한민국 헌법 제6조 제1항에는 헌법에 의하여 체결 및 공포된 조약과 일반적으로 승인된 국제법규는 국내법과 같은 효력을 가진다고 보고 있다.

대한민국 헌법 제60조 제1항에 따라 국회는 상호원조 또는 안전보장에 관한 주약, 중요한 국제조직에 관한 조약, 우호통상항해조약, 주권의 제약에 관한 조약, 강화조약, 국가나 국민에게 중대한 재정적 부담을 지우는 조약 또는 입법사항에 관한 조약에 대해서는 조약 체결 및 비준에 대한 동의권을 가지도록 하고 있다.

대한민국 헌법 제60조 제2항에 따라 선전포고, 국군의 외국 파견, 외국군대의 대한민국에서의 주둔에 대한 동의권도 함께 가지고 있다. 이와 같이 국회는 모든 조약에 대하여 동의권을 가지지 않고 일부조약에 대해서만 동의권을 인정하고 있다.

대한민국 헌법 제73조는 체결권과 비준권을 대통령에게 모두 부여하고 있다. 그리고 정부조직법 제31조는 외교부 장관의 조약 기타 국제협정에 관한 사무에 대한 관장, 정부대표 및 특별사절의 임명과 권한에 관한 법률 제3조에 따라 정부를 대표하여 외국정부와 교섭하거나 국제회의에 참석하고 대통령의 전권 위임없이 조약에 서명하는 권한을 가진다.

대표적인 군사조약으로는 1950년 한국전쟁 이후 북한의 재침에 대한 우려로 필요한 안보적 장치를 마련하기 위한 노력의 결과, 1953년 10월 1일 대한민국은 미국과 「대한민국과 미합중국간의 상호방위조약(Mutual Defense Treaty between the Republic of Korea and the United States of America, 이하: 한미상호방위조약)」을 체결하였다.

주요내용은 국제연합의 목적 또는 국제연합에 대한 의무와 상반되는 방법으로 무력에 의존하거나 행사하는 것을 삼가야 하는 의무를 부과하고 있으며(한미상호방위조약 제1조), 당사국 중 어느 일국이 외부로부터 무력공격의 위협을 받을 경우 언제든지 당사국이 협의하고, 상호원조와 무력공격 방지를 위한 적절한 수단을 마련하고 있다(한미상호방위조약 제2조). 또한, 외부로부터의 공통된 위협에 대처하기 위해서는 각 국의 헌법상 절차에 따라야 할 것을 선언하면서(한미상호방위조약 제3조), 미군이 한반도와 인근에 배치될 권리를 대한민국이 보장하고 수락하도록 하였다(한미상호방위조약 제4조). 본 조약은 각 국의 헌법상 절차에 따라 비준하도록 하고 있으며, 조약의 효력은 무기한으로 하되 중단을 원할 경우 1년 내에 통고하도록 규정하고 있다(한미상호방위조약 제5조 및 제6조).

3. 군사제도와 남북합의서

남북관계를 법제화하기 위하여 「남북관계 발전에 관한 법률(이하: 남북관계발전법)」을 제정하여 시행하고 있다. 남북특수관계론에 따라 남한과 북한의 관계는 국가 간의 관계가 아닌 통일을 지향하는 특수관계로 규정하고 있다(남북관계발전법 제3조 제1항).

남북합의서의 체결과 비준은 대통령이 하며, 통일부장관이 이를 보좌한다(남북관계발전법 제21조 제1항). 남북합의서를 비준하기 위해서는 국무회의의 심의를 필수적으로 거치도록 하고 있으며(남북관계발전법 제21조 제2항), 국회는 국가나 국민에게 중대한 재정적 부담을 지우는 남북합의서 또는 입법사항에 관한 남북합의서의 체결 · 비준에 동의권을 부여하고 있다(남북관계발전법 제21조 제3항). 한편, 기술적 · 절차적 사항만을 정하는 남북합의서는 남북회담대표 또는 대북특별사절의 서명만으로도 발효시킬 수 있도록 하고 있다(남북관계발전법 제21조 제4항). 단, 남북관계의 중대한 변화, 국가안전보장, 질서유지, 공공복리를 위하여 필요한 경우에는 대통령이 효력의 전부 또는 일부를 정지시킬 수 있으며, 이 경우에는 국회동의를 요하도록 규정하고 있다(남북관계발전법 제23조 제3항).

제3절 군사제도와 통치구조 이론

1. 3권 분립과 통치행위

국가권력의 작용을 입법 · 행정 · 사법으로 나누어, 각각 별개의 기관에 분담시켜 상호 간 견제 · 균형을 유지시킴으로써 국가권력의 집중과 남용을 방지하려는 통치조직 원리이다. 대한민국의 경우 1987년 제5공화국 헌법은 권력분산적 대통령제를 채택하였다. 따라서 대통령은 국가원수이나 행정권의 수반으로서 입법권 · 사법권과 대등한 입장에서 견제 · 균형을 취하도록 되었다. 그러나 현행 헌법상으로도 전통적인 대통령제에서 인정되지 않는 권한을 가져, 아직 대통령은 입법부 · 사법부에 대하여 우월한 경향이 있다.

국가통치의 기본에 관한 고도의 정치성을 띤 국가행위로, 즉 사법부에 의한 법률적 판단의 대상으로 하기에는 적당하지 않다 하여 사법심사권의 적용범위에서 제외되는 행위로 법치주의가 확립된 주요국가에서도 일정한 범위에서 정치성이 강한 국가행위(예컨대 국회해산·조약체결)를 그 심사대상에서 제외하고 있다. 그러나 군사제도와 관련하여 각국의 통치행위나 정치문제의 개념은 동일한 것이 아니며, 그것을 사법심사의 대상에서 제외하는 이유 또한 일치하지 않는다.

2. 군사제도와 관련된 통치행위의 문제점

법원이 '고도의 정치적'이라는 이유로 판단을 내려야 할 문제를 회피한다면, 인권 및 헌법질서의 보장을 맡은 사명을 완수하는 것이 아니다. 통치행위의 폭을 지나치게 넓혀 법치주의의 원칙까지 무의미한 것으로 만든다면 법원은 스스로 기능을 포기하는 결과가 된다. 따라서 통치행위의 개념은 인정하지 않을 수 없다 하더라도 법치주의나 헌법이 규정한 위헌심사제의 확립·유지를 위해 그 범위를 최소한으로 한정할 필요가 있다.

3. 대법원의 태도

대통령의 비상계엄의 선포나 확대 행위는 고도의 정치적·군사적 성격을 지니고 있는 행위[2]라 할 것이므로, 그것이 누구에게도 일견하여 헌법이나 법률에 위반되는 것으로서 명백하게 인정될 수 있는 등 특별한 사정이 있는 경우라면 몰라도, 그러하지 아니한 이상 그 **계엄선포의 요건 구비여부나 선포의 당·부당을 판단할 권한이 사법부에는 없다고 할 것이나, 비상계엄의 선포나 확대가 국헌문란의 목적을 달성하기 위하여 행하여진 경우에는 법원은 그 자체가 범죄행위에 해당하는지의 여부에 관하여 심사할 수 있다.**[3]

군사제도와 관련된 실제 사례로는 비상사태가 선포되면 대통령은 국가의 안전보장과 공공의 안녕질서를 수호하기 위하여 재정 경제상의 처분을 하거나 이에 관한 법률의 효력을 발할 수 있고 법률이 정하는 바에 따라 계엄을 선포할 수 있다.

2) 국가비상사태란 천재지변이나 중요한 재정 경제상의 위기 또는 전시와 사변 및 이에 준하는 사태가 벌어져 통상적인 방법으로는 공공의 안녕질서를 유지할 수 없는 사태를 말하며, 법적 근거로 대한민국 헌법 제76조와 제77조에서 비상사태가 발생했을 경우 대통령은 국회의 동의를 얻을 수 없는 경우에 한하여 국무회의의 의결을 거쳐 긴급처분 명령권과 계엄선포권을 가질 수 있도록 규정하고 있다.

3) 대법원 1997. 4. 17. 선고 96도3376 판결.

따라서 비상사태가 선포되면 경찰권의 집중과 강화, 정부의 통제와 개입 등의 수단이 강구된다. 대한민국에서 비상사태가 선포된 예로는 1971년 12월 박정희 대통령에 의한 비상사태선언과 1979년 10월 박정희 대통령 시해사건, 1980년 5월 광주민주화운동 때의 비상계엄 확대 등이 있다. 또한 제5공화국 헌법에는 대통령이 국정전반에 걸쳐 헌법적인 효력을 갖는 비상조치권을 발동할 수 있게 되어 있었으나, 1987년 헌법개정 때 이 조문은 삭제되었다.

4. 헌법재판소의 태도

외국에의 국군의 파견결정은 파견군인의 생명과 신체의 안전뿐만 아니라 국제사회에서의 우리나라의 지위와 역할, 동맹국과의 관계, 국가안보문제 등 궁극적으로 국민 내지 국인에 영향을 미치는 복잡하고도 중요한 문제로서 국내 및 국제정치관계 등 제방사항을 고려하여 미래를 예측하고 목표를 설정하는 등 고도의 정치적 결단이 요구되는 사안이다. 따라서 그와 같은 결정은 그 문제에 대해 정치적 책임을 질 수 있는 국민의 대의기관이 관계분야의 전문가들과 광범위하고 심도있는 논의를 거쳐 신중히 결정하는 것이 바람직하며 우리 헌법도 그 권한을 국민으로부터 직접 선출되고 국민에게 직접 책임을 지는 대통령에게 부여하고 그 권한행사에 신중을 기하도록 하기 위해 국회로 하여금 파병에 대한 동의여부를 결정할 수 있도록 하고 있는바, **현행 헌법이 채택하고 있는 대의민주제 통치구조하에서 대의기관인 대통령과 국회의 그와 같은 고도의 정치적 결단은 가급적 존중되어야 한다.**[4)]

제4절 군사제도의 구성요소

1. 군사제도의 구성요소의 개념과 필요성

세계 각국의 법제도는 각 국가의 헌법상의 이념과 원칙에 따라 다양하게 존재하고 있다. 그리고 군사법제도는 규율을 위한 주체와 객체 그리고 대상 등도 다양하다. 국가와 군대는 매우 밀접한 관계를 가지고 있다.

4) 헌법재판소 2004. 4. 29. 선고 2003헌마814 결정.

군사제도를 구성하는 요소는 크게 ① 전략적 요소, ② 인적 요소, ③ 물적 요소를 중심으로 구별할 필요가 있다.[5] 법제도적 관점에서 군사통합을 고려하기 위해서는 ① 외교적 요소, ② 인적 요소, ③ 물적 요소에 대한 고찰을 필요로 한다. 이러한 요소는 헌법과 법령 그리고 이에 대한 헌법재판소와 대법원의 판결을 통해 해석으로 도출되는 개념이다.

2. 군사제도의 외교적 요소

국력을 구성하는 요소로 군사력, 경제력, 여론지배력 등을 들 수 있다. 이들은 국가전략을 수행하기 위한 중요한 기반이 되며 별개의 것이 아닌 상호 밀접한 관계가 있다.

국가전략은 국가이익을 바탕으로 한 국가목표를 수립하여 형성이 된다. 국가목표는 국가이익을 고려하여 수립되는데, 국가이익은 국토방위(국가안보), 경제 번영, 자국의 가치의 증진, 유리한 국제환경 조성을 기본적인 내용으로 하며, 존망의 이익, 핵심적 이익, 중요한 이익, 지엽적 이익 등으로 분류된다. 결국 군사제도는 국가의 군사력, 경제력, 외교력 및 문화력과 함께 유기적 관계를 형성한다.

외교적 요소는 군사제도를 형성하고 운영하기 위한 기본적인 밑바탕이 되는 요소이다. 국제사회에서 군사행위는 물리력을 수반한다. 그리고 이 물리력은 군대가 위치한 지역에 대한 타국의 법규범의 영역을 현실적으로 제약한다. 그러므로 군사행위와 관련된 직접적인 당사국은 이에 대하여 굉장히 민감하게 반응할 수밖에 없다.

또한, 이러한 군사행위에 대한 해당국의 반응은 국제법상 상호주의와 자위권에 근거하여 상응하는 군사적 행동이 될 확률도 매우 높다. 이는 외교적인 측면에서도 군사적인 행동이 미치는 영향을 충분히 심사숙고하여 결정해야 하는 것을 의미한다. 국제법상 '주권(sovereignty)'의 개념이 전쟁종식을 위한 외교적 협상과정에서 그리고 국가의 권리와 의무를 보장하기 위하여 파생되었다는 측면에서 군대와 외교는 불가분의 관계라고 할 수 있다.

---

5) 군사력은 크게 물적 요소, 인적 요소, 전략 요소로 나누면서 인적 요소는 병역제도를 비롯한 사람을 충원 및 관리와 밀접한 관련이 있으며, 물적 요소는 무기 및 시설물 등 방위사업과 밀접한 관련이 있으며, 전략 요소는 안보나 군사 전략으로 많이 다루고 있다고 한다. 김신숙, 한국의 병역제도, 도서출판 메디치미디어, 2020, 1면 참조.

군대와 군사력은 국가가 닥친 안보적인 현실을 냉철하게 바라보면서, 대화·협상·타협과 같은 외교적인 조치로도 소용이 없는 최후수단일 경우에만 고려할 수 있는 선택사항이 되어야 한다. 그러므로 이러한 외교적인 요소는 군대와 군사력의 조직·운영·규모 등과 긴밀한 관계를 맺고 있다고 할 수 있다.

외교적인 요소도 정치현실적인 측면을 고려하여 결정할 수 있는 재량폭이 넓다는 것을 시사하고 있다. 그럼에도 불구하고 최소의 조건으로 법치주의적 절차에 따른 결정이 수반되지 않은 결정은 자의적으로 이어질 수 있다는 점을 지적하고 있다.

결국 외교적인 요소와 군사제도의 관계는 매우 밀접한 것이며, 군사법제도를 이해함에 있어서는 국가 또는 국제기구 등과 체결하는 조약과 관련된 법제도, 현재까지 체결된 군사제도에 영향을 미칠 조약 및 주요 법령이 그 대상이 된다.

3. 인적 구성요소

인적 구성요소는 군대를 구성원을 조직하고 구성하고 운영하는 요소이다. 전쟁과 전쟁무기의 발달에 따라 군대조직의 기능과 역할도 변화하고 있다. 최첨단 무기체계의 중요성이 대두됨에도 불구하고 이를 다루는 것은 결국 인간의 몫이다. 무기와 시설물과 같은 군대를 구성하는 물적 구성요소도 결국 인간을 중심으로 한 인적 구성요소에 종속될 수밖에 없다.

헌법재판소의 결정에서는 군대의 인적 구성요소와 관련하여 병력의 구성은 군대의 인적 기초로서 병역법과 같은 법령은 과학기술중심의 군으로 변화하면서도 국가 인적 자원의 효율적인 관리를 중요하게 다루는 내용을 담고 있다는 입장을 보인다.[6]

국방의 의무는 국민의 기본의무이며, 국가공동체의 인적·물적 토대를 수호하기 위한 것이라고도 언급하였다.[7] 한편, 군대의 인적인 기초를 가다듬고 국가의 안전보장과 국토방위를 위한 개인적·조직적 전투력을 갖춘 병력자원이 필요하기에 충분한 전투력을 갖출 수 있도록 교육 훈련도 필요하다고 하였으며,[8] 군은 무력으로 국가수호와 국토방위를 하고, 국민의 생명과 재산을 보호하는 것을 사명으로 하기에 특수한 조직, 질서, 규율을 필요로 한다고 하였다.[9] 또한, 국방의 개념을 넓게

6) 헌법재판소 2020. 9. 24. 선고 2019헌마472 결정.
7) 헌법재판소 2018. 6. 28. 선고 2011헌바379 결정.
8) 헌법재판소 2010. 10. 28. 선고 2007헌마890 결정.

보면서 병역의 종류도 다양하게 볼 수도 있을 것인데, 헌법재판소도 동일한 입장에서 국가의 안전보장과 국토방위의 역할은 현역이 아니라도 다양하게 역할을 할 수가 있다고 하였다.[10]

인적 구성요소와 관련된 법적인 해석과 기본적인 개념이 위와 같이 정립되었다면, 군사제도는 실질적인 법치주의에 포섭하여 인적 구성요소를 어떻게 형성하고 다루어야 하는가 여부이다. 결국 이와 관련하여 이 책에서는 군대의 조직, 군인의 법적 지위, 군대의 운영, 군대의 사명 등과 관련된 법률 등을 살펴보아야 한다.

4. 물적 구성요소

물적 구성요소는 군인이 사용하는 무기, 탄약, 화기, 시설물 등과 같이 인적 구성요소에 종속되는 물적인 대상이라고 할 수 있다. 물적 구성요소는 인적 구성요소에 종속될 수밖에 없을 것이다. 그러나 이에 대한 법적규율이 제대로 되지 않는다면 자칫 또 다른 무장력을 불러일으킬 우려도 발생한다. 또한, 물적 구성요소의 규모와 배치 등은 그 존재만으로 위협이 될 수 있는 소지가 많다.

헌법재판소 결정에서는 물적 구성요소와 관련하여 국가안전보장상의 부작용을 방지하기 위한 규제조치의 타당성을 인정한 의견도 존재하였다.[11] 또한, 물적 구성요소의 개념과 관련하여 '군용물'은 전쟁의 결과에 큰 영향을 미치고 있기 때문에 그 규율대상을 폭넓게 보아야 한다는 입장이다.

---

9) 헌법재판소 2016. 2. 25. 선고 2013헌바111 결정.

10) 헌법재판소 2016. 10. 27. 선고 2016헌마252 결정.

11) 헌법재판소 2019. 4. 11. 선고 2018헌가14 결정.

법의 개념과 분류

제1절 법률의 개념과 성질

1. 법률의 개념

일반적으로 법률은 「헌법」이 규정하는 입법절차에 따라 국회가 심의·의결하고, 대통령이 서명·공포함으로써 효력을 발생하는 「헌법」의 하위 법규범인 형식적 의미의 법률을 말한다. 한편, 「실질적 의미의 법률」은 내용을 기준으로 한 법률개념으로서, 법규와 동의어로 외부적 효력을 가지는 일반·추상적 규율을 가리키며, 여기에는 형식적 의미의 법률(=의회법률), 법규명령, 행정규칙 중 법규적 효력이 있는 행정규칙, 자치법규(조례·규칙)가 포함된다.

2. 법률의 성질

법률은 민주적 정당성을 구비해야 하고 민주적 절차에 따라 제정되어야 하며, 법치국가적 질서에도 적합하여야 한다.

3. 법과 다른 규범과의 관계

법은 사회적 합의를 통해 만들어진 사회규범 중 하나다. 사회규범의 종류로는 종교, 관습, 도덕 등이 있다. 과거에는 법과 종교, 법과 관습, 법과 도덕이 명확하게 구분되지 않았으나, 사회가 복잡해지면서 법은 국가가 담당하는 영역으로 구분되었다.

제2절 법의 분류

1. 관계인의 차이에 따른 분류

공법(公法)은 일반적으로 국가와 국민의 관계를 규정하고, 사법(私法)은 일반적으로 국민 상호 간의 관계를 규정한다. 또한 공법은 주로 공익을 보호하고, 사법은 사익을 보호한다. 나아가 공법은 주로 권력관계를 규율하고, 사법은 대등한 관계(예: 민법의 매매계약에서 매도인과 매수인)를 규율한다. 물론 공법과 사법의 구별은 로마법 이래 대륙법계의 전통이고, 구별부인론은 영미법계의 특징이다.

또한 공법을 국제법(국제공법)과 국내공법(헌법, 행정법, 형법, 형사소송법 등)으로 나누기도 한다. 그중 헌법은 국가와 국민의 관계를, 행정법은 행정기관과 국민의 관계를, 형법은 국가와 범죄인의 관계를, 형사소송법은 국가의 사법기관과 피고인, 피의자 등의 관계를 규율한다고 할 수 있다. 민사소송법의 경우에는 원고와 피고 양자의 관계를 중점으로 하면 사법적 성격이 있지만, 원고 또는 피고가 되는 국민과 국가의 사법기관인 법원의 관계를 규정하는 측면에서는 공법적 성격이 강하다.

공법과 사법(私法)의 구별기준에 관한 학설로는, "이익설"(공법은 공익을 보호하는 법으로, 사법은 사익을 보호하는 법으로 보는 견해)과 "권력설"(공법은 권력관계를 규율하는 법이고, 사법은 대등한 관계를 규율하는 법이라는 견해)과 신주체설(귀속설)[공법은 "공무원(국가기관)"에 대하여만 그 권한과 의무를 규율하는 것이라는 견해]을 들 수 있다.

결국 위의 여러 견해를 종합하여 개별적 경우를 살펴보아야 한다는 것이 일반적이다.

2. 규율내용(실체, 절차)에 따른 분류

실체법은 권리와 의무를 규정한 법률을 가리키고, 이에 반해 절차법은 실체법의 집행방법(주로 소송절차)을 규정한 법률이다. 양자가 보완하여야 비로소 법률의 효용이 제대로 나타날 것이다.

예컨대 헌법, 형법, 민법, 상법 등은 권리와 의무의 본체를 규정하고 있으므로 실체법에 해당하며, 민사소송법, 형사소송법, 행정소송법 등은 권리와 의무의 침범이 있으면 이를 구제하고 제재하는 방법을 규정한 것이므로 절차법에 해당한다.

3. 법률이 시행되는 범위에 따른 분류

일반적으로 통용되는 법이 일반법이고, 일정한 범위 내에서만 통용되는 법 내지는 일반법의 특례를 정해 놓은 법이 특별법이라고 할 수 있다. 예컨대 규율사항에 따른 일반법과 특별법의 예를 살펴보면, 국민 상호 간의 행위는 「민법」이 규율하지만, 그 상사(商事)에 속하는 행위는 특별히 「상법」이 규율하므로, 「민법」은 일반법이고 「상법」은 특별법이다. 또한 회사는 상법이 규율하나, 은행에 관한 사항을 경영하는 회사는 「은행법」이 규율하므로, 이 경우에는 「상법」이 일반법이고 「은행법」은 특별법이다.

또한, 사람에 따른 구별을 살펴보면 「형법」은 국민 전체에 통용되지만, 「군형법」은 군인에게만 적용되므로, 「형법」은 일반법이고, 「군형법」은 특별법이라고 한다.

또한, 지역에 따른 구별을 살펴보면 「국토의 계획 및 이용에 관한 법률」은 전국에 걸쳐 통용되지만, 「제주특별자치도 설치 및 국제자유도시 조성을 위한 특별법」은 제주도에만 적용되므로, 「국토의 계획 및 이용에 관한 법률」은 일반법이고 「제주특별자치도 설치 및 국제자유도시 조성을 위한 특별법」은 특별법이 된다.

일반법과 특별법을 구별하는 실익은 양자의 효력의 우열에 있다. 즉 일반법과 특별법의 관계는 특별법이 일반법보다 우위의 효력을 가지게 되는 점에 있는 것이다. 만일 양자의 규정이 상호 모순되는 때에는 일반법이 배제되고 특별법에 의하게 된다.

4. 법률규정의 적용에 따른 분류

강행법규는 행위를 반드시 명하는 것이고, 임의법규는 그 자유·취사선택을 국민에게 허용하는 것이다. 공법은 일반적으로 강행법규에 해당하고, 사법은 임의법규에 해당하는 것이 많다.

5. 그 밖의 분류

모법(母法)과 자법(子法)이란 법률이 다른 법률을 모범으로 하거나 그 근거를 다른 법률에 두는 경우에 근거가 되는 당해 다른 법률은 모법이 되고 해당 법률은 자법이 된다(예: 「정부조직법」은 모법이고, 「검찰청법」은 자법임).

고유법과 계수법은 일국 고유의 법률인지, 아니면 다른 나라의 법률의 자법인지에 따른 분류로서, 전자를 고유법, 후자를 계수법이라 한다(예: 독일법은 고유법이고, 일본법은 그 계수법이라 할 수 있음).

제3절 법원(法源)

1. 법의 연원

법원(法源)은 법의 연원, 법의 시작을 의미한다. 구체적으로는 법이 어떠한 형태로 존재하는지 또는 법의 근거가 무엇인지를 정의하는 단어이다. 일반적으로 법원이란 법이 어떠한 방식으로 존재하는가를 의미하며, 이 정의에 따라서 성문법(成文法)과 불문법(不文法)으로 나눌 수 있다.

성문법이란 문자로 성립된 법이라는 뜻으로 문장, 법전 등으로 체계화하여 제정된 법을 의미한다. 성문법의 경우 국가기관에 의하여 제정되기 때문에 제정법(制定法)이라고도 한다. 성문법에는 헌법, 법률, 명령, 규칙, 자치법규 등의 제정된 법률이 여기에 속하고, 이에 반대되는 개념인 불문법에는 관습법, 판례법. 조리 등이 여기에 속한다.

이러한 분류는 법의 계통을 분류하는 기준이 되어 대륙법계(大陸法系), 영미법계(英美法系)로 나누기도 한다. 대륙법계는 성문법이 주가 되는 국가로 로마법에서 시작하여, 독일과 프랑스를 중심으로 한 유럽국가들이 대표적이다. 우리나라 또한 대륙법계에 속한다. 대륙법계의 대표적인 국가인 독일법을 일본이 받아들였고, 일본법을 우리나라가 상당부분 받아들였기 때문이다. 영미법계는 판례가 곧 법이 되는 판례법 국가이다. 대표적으로 영국과 미국을 비롯하여 영국과 관계가 있는 많은 국가들이 여기에 속한다.

발음이 같은 단어로 법원(法院)이 있는데, 이 법원이란 지방법원, 고등법원, 대법원과 같이 사법권을 가지고 소송 사건을 처리하는 국가기관을 의미하므로 여기에서 다루는 법원(法源)과는 구별해야 한다.

2. 성문법

성문법은 앞서 살펴본 바와 같이 입법절차를 거쳐서 제정된 법률을 의미한다. 성문법의 최상위 법은 헌법이고 법률, 명령·규칙, 자치법규 순으로 법적 지위를 갖는다.

성문법은 사회가 복잡해지면서 등장하였다. 성문법을 통해 복잡해진 사회적 갈등에 대한 원칙을 세워 해결하게 되었으며, 지배자의 마음대로 통치했던 사회에서 벗어나 누구에게나 동일한 원칙을 적용하게 되었다. 이러한 방식을 채택했던 국가들을 대륙법계라고 통칭하기도 한다.

최근에는 사회가 더욱 복잡해지면서, 다양한 분야에서 복잡한 사회갈등이 나타나고 있다. 그렇기 때문에 이러한 갈등을 관습으로만 해결할 수 없게 되었으며, 성문법의 비중이 커지고 있다.

성문법 중에서 가장 최상위 지위를 가지고 있는 법은 헌법이다. 헌법은 국가의 이념, 통치구조, 국가의 작용, 국민의 기본권 등 국가체계의 가장 기본적인 원칙을 규정한다. 국가의 모든 작용은 헌법에 근간을 두고 있으며, 헌법의 하위 법령인 법률, 명령, 규칙 등도 마찬가지다. 그렇기 때문에 모든 법은 헌법에 위반되는 내용을 포함할 수 없다. 이렇듯 헌법은 국가의 최상위 규범의 역할을 하므로 헌법을 개정하기 위해서는 다른 법령보다 엄격한 요건이 요구된다.

법률이란 국회에서 의결하고 대통령이 서명 및 공포한 성문법을 의미한다. 국가마다 다르긴 하지만, 우리나라는 국회와 정부가 법률안을 발의할 수 있다. 법률은 헌법 다음의 지위를 가지고 있으며, 국민의 기본권이나 이에 준하는 중요한 사항은 법률로 규정되어야 한다. 법률은 상위법인 헌법에 어긋나는 내용을 규정할 수 없지만, 법률 상호 간의 위계는 어떻게 규정되는지가 문제된다. 법률 상호 간에 모순이 있을 경우 새로 제정된 법률이 기존의 법률보다 우선하며, 일반법보다 특별법이 우선한다. 예를 들어, 명령과 규칙은 행정기관이 법률의 위임을 받아 제정한다. 명령은 국민과 법원에 대해 구속력을 가지는 법령이고, 규칙은 행정부의 내부에 대한 사항을 규제하기 위하여 제정한 법령이다. 명령과 규칙은 동일한 위상을 가지며, 헌법과 법률보다 하위법령이므로 헌법과 법률의 내용에 어긋나는 내용을 규정할 수 없다.

명령은 대표적으로 대통령이 제정하는 '대통령령', 국무총리가 제정하는 '총리령', 각 부의 장관들이 제정하는 '부령'이 있다. 이러한 명령은 법률에서 위임한 범위 내에서 새로운 사항을 정할 수 있는 '위임명령'과 법률을 집행하기 위한 목적으로만 제정된 '집행명령'으로도 나눌 수 있다.

자치법규란 지방자치단체가 제정하는 법령이다. 국회에서 제정하는 법률과 행정부에서 제정하는 명령이 있듯이, 지방자치단체도 지방의회가 제정하는 조례와 지방자치단체장이 제정하는 규칙이 있다. 조례와 규칙은 헌법과 법률 그리고 명령보다 하위법이므로 여기에 어긋나는 내용을 규정할 수 없다.

3. 불문법

불문법은 제정법과 달리 일정한 형식에 의하여 제정된 법이 아니라 자연스럽게 만들어진 법을 의미한다. 대표적으로 관습법이 있다. 관습법이란 지속적으로 행해진 원칙이 하나의 관행이 되고, 여기에 법적 확신까지 더해져 생겨난 법을 의미한다. 불문법은 제정법에 비해 유연하기 때문에, 성문법의 비중이 증가하고 있는 현대사회에도 여전히 필요하다. 이 외에도 불문법에는 판례법, 조리 등이 있다.

관습법이 성립하기 위해서는 다수가 인식하는 관행이 있어야 하고, 더 나아가 그 관행이 권리나 의무라는 법적 확신이 있을 때 성립한다. 그런데 이러한 기준은 인식이라는 주관적인 요소가 많으므로 관습법은 법원의 판결이라는 객관적인 절차에 의해 확정된다.

관습법은 관행이 있고 법적 확신이 있더라도 모두 인정되는 것은 아니고 선량한 풍속 기타 사회질서에 반하여서는 안 된다. 예를 들어 종중의 구성원은 남자만 될 수 있다는 관행이 있었고, 다수인이 그것을 권리와 의무에 관계되는 사항으로 인식할 정도의 법적 확신도 있어 관습법으로 취급되었다. 그러나 이러한 관습법은 현대 헌법에서 규정하는 남성과 여성의 평등원칙에 부합하지 않으므로 효력이 인정되지 않았다.

판례법은 법원이 오랫동안 사건을 해결하며 사건해결의 원칙 등이 생기게 되었고, 이것이 하나의 규범으로까지 이어진 경우이다. 법원에서 어떠한 사건을 해결하였는데 또 비슷한 사건이 발생할 경우, 법원은 앞선 사건의 해결방식을 참고하여 유사한 사건을 해결하게 된다. 이것이 지속적으로 이어질 경우 하나의 법과 같은 주요한 판단기준이 되는 것이다. 이는 선례구속의 원칙이라 하며 주로 영미법계에서 인정되는 법형식이다. 성문법 국가는 선례구속의 원칙을 인정하지 않는 편이지만, 사건을 해결하는 데 앞선 사건의 해결방식을 따르거나 참고하는 것은 당연한 일이므로 성문법 국가에서도 어느 정도는 인정되고 있다.

조리란 일반적인 상식 또는 통념이라고 할 수 있다. 민법은 제1조에서 "민사에 관하여 법률에 규정이 없으면 관습법에 의하고 관습법이 없으면 조리에 의한다"라고 규정하여 조리의 규범성을 인정하고 있다. 조리가 하나의 법원으로 인정된 것은 현실적인 이유가 있다. 엄격한 법형식이 적용되어야 하는 형사사건에 조리를 적용할 수는 없지만, 민사사건의 경우 적용할 법이 없다고 해서 재판을 하지 않을 수는 없기 때문이다. 이러한 경우 조리를 재판기준으로 삼아 객관성을 확보할 수 있는 것이다.

제4절 법률의 이념과 효력

1. 평등으로서의 정의(正義)

법의 이념은 법의 최고가치이다. 그리고 이 최고가치가 정의이다. 그러면 정의는 무엇인가? 정의의 핵심은 평등이다. 평등이 정의의 핵심이지만 그것은 명백히 정의의 전부는 아니다. 그러나 칸트 이후, 특히 실증주의에서 정의는 전적으로 평등원리로, 즉 "같은 것은 같게 그리고 이에 상응하여 같지 않은 것은 같지 않게" 다루어야 한다고 인정되었다. 그리고 이 완전히 형식적인 원리 외에 정의의 내용은 학문의 대상이 아니고 정치의 대상이라고 하였고, 무엇보다도 켈젠이 그렇게 주장하였다.

이후 라드브루흐에 의해 전기가 마련되었다. 그는 다시 정의의 내용에 관해 성찰하였다. 그러나 그도 정의의 내용과 관련해서 상대주의를 견지했다. 라드브루흐에 의하더라도 정의는 곧 평등이다. 그러나 그는 거기에 머무르지 않고, 실질적 원리를 "합목적성"이라는 이름하에 평등 옆에 둔다. 그리고 그것도 법적 안정성과 무관하게 그 옆에 설정된다.

라드브루흐는 이 세 가지를 “법이념의 세 가지 측면”이라고 하였다. 넓은 의미의 정의는 ① 평등(좁은 의미의 정의), ② 합목적성(사회적 정의 또는 공공복리의 정의), ③ 법적 안정성(법적 평화)의 세 가지 관점을 가진다. 평등에서 관건이 되는 것은 정의의 “형식”이고, 합목적성에서는 정의의 “내용”이며, 법적 안정성에서는 정의의 “기능”이다. 정의는 항상 형식이고, 내용이며, 동시에 기능이다.

아리스토텔레스는 오늘날까지도 표준이 되는 정의의 두 가지 종류를 구별한다. ① 평균적 정의(교환적 정의)와 ② 배분적 정의가 그것인데, 전자는 본질적으로 평등하지 않지만 법률 앞에서는 평등한 것들 간의 정의(예: 상품과 대금, 손해와 배상)인 데 반해, 후자는 다수의 사람들의 대우(취급)에 있어서의 비례적 평등(예: 능력, 필요, 책임에 따른 권리와 의무의 분배)이다. 토마스 아퀴나스는 여기에 “법률적 정의”를 추가했는데, 즉 전체에 대한 각 개인의 의무를 강조하는 정의(예: 소유권의 공공복리적합 의무)가 그것이다. 배분적 정의는 공법상의 정의이고, 평균적 정의는 사법상의 정의이며, 법률적 정의는 사회복지법상의 정의이다.

형평은 “개별사례의 정의”라고 한다. 아리스토텔레스는 형평에 관하여 “입법자 본인이 그 사례에 직면했다면 직접 행위했으리라고 여겨지는 대로 그리고 그가 그 사례를 알았더라면 이것을 법률에 규정했으리라고 여겨지는 대로 재판하는 것이 올바르다”라고 하였는데, 이것은 1907년 스위스 민법전 제1조 제2항에서 부활한다. 즉, “법관은 법률의 흠결이 있을 경우 자신이 입법자라면 정립했을 규칙에 따라 결정하여야 한다”라고 규정하고 있다.

2. 합목적성

평등원리는 주로 형식적 속성을 가진다. 무엇이 정의인가를 규정하려면 내용적 원리가 필요한데, 라드브루흐는 이를 “합목적성”이라고 부른다. 핵심문제는 무엇이 “공동선(共同善)”에 기여하는가의 문제이다. 이것은 무엇이 모든 사람들에 대하여 정의로운 것인가의 문제이다. 모든 시대의 위대한 철학자들은 도덕적 행위의 목표이어야 하는 최고선을 추구했다. 또한 정당들의 정강들도 모두 어떻게 공공복리가 실현될 수 있는가의 문제에 대한 해답의 시도들이다.

최고선의 문제에 있어서 우리는 다시 칸트로 돌아가게 된다. 그는 다음과 같이 말한다. “우리는 우리의 존재이유가 되는 것, 즉 의무를 행할 때에만 완전히 우리 스스로가 된다.” 그러나 무엇에서 우리는 우리가 해야 하는 것, 즉 우리의 의무를 인식할 수 있는가? 칸트는 "정언명령"으로써 이 질문에 대답한다. "너의 의지의 준칙이 언제나 동시에 보편적 입법으로서 간주될 수 있도록 행동하라!" 그리고 칸트는 나중에 다시 이렇게 표현한다. "결코 인간을 너의 인격에서뿐만 아니라 모든 다른 사람의 인격에서도 단순히 수단으로만 사용하지 말고 언제나 동시에 목적으로 대하도록 행동하라." "너의 행위의 준칙이 너의 의지를 통하여 보편적 자연법이 되어야 하는 것처럼 행동하라."

3. 법적 안정성

법적 안정성의 대표적 예가 법관의 판결 "기판력"이다. 이것은 그러한 판결이 더 이상 통상의 법적 수단(상소 등)에 의하여서는 취소될 수 없다는 것(사건이 종결되었다는 것)을 의미한다. 법적 평화를 위하여 권위적으로 무엇이 타당한 법이어야 하는가가 확정되어야 한다. 법률은 공포에 의하여, 판결은 기판력에 의하여 확정되어야 한다. 절차에 불과한 것이 아니라 결정, 즉 힘의 표현이기도 하다.

법이 안정적이기 위해서는 법률의 표지들이 가능한 한 명확하게 확정되고, 따라서 자의(恣意) 없이 확인될 수 있어야 한다(명확성의 원칙). 특히 불확정개념, 일반조항들은 법적 안정성을 위협한다. 왜냐하면 판례가 심하게 달라질 위험이 있기 때문이다. 다른 한편, 무엇이 정당한 것인가의 목록을 너무 상세히 규정하는 법규범은 고도의 법적 안정성을 보장할 수는 있지만, 개별적 사례에서의 실질적 정의(공공복리의 정의)에 저촉될 수 있다. 이러한 이율배반은 전적으로는 해소될 수 없지만, 원칙적으로 법적 안정성, 법공동체의 평화가 우선시되어야 한다.

법적 안정성을 확보하기 위한 또 하나의 요소는 법의 불가변성(불변성, 지속성)이다. 법은 너무 쉽게 변경될 수 있어서는 안 된다. 이 요구는 실질적 정의의 입장과 충돌될 수 있다. 실질적 정의의 입장에서는 결함이 있는 법률은 가능한 한 즉시 보다 나은 법률로 대체되어야 하기 때문이다.

4. 시(時)에 관한 효력

시에 관한 효력은 법률의 효력의 시간적 범위를 말한다. 법률은 시행하는 때부터 폐지하는 때에 이르기까지 효력을 가짐이 원칙이다. 공포일과 시행일 사이에는 일정기간(유예기간)을 두는 것이 보통이다. 법률의 폐지는 ① 한시법(시행기간을 미리 정한 법률)의 경우에는 그 시행기간이 경과한 때에, ② 국회에서 폐지법안을 통과시킨 경우에는 그 법안이 공포·시행된 때에 있게 된다.

시에 관한 효력의 원칙으로는 ① 신법우선의 원칙(신법은 구법을 개폐한다), ② 일반적 신법은 특별적 구법을 개폐하지 못한다는(즉 신법우선의 원칙보다 특별법우선의 원칙이 우위에 있다는) 것을 들 수 있다.

5. 장소에 관한 효력

법의 적용에 있어서 장소적 적용범위에 대해서는 ① 속지주의, ② 속인주의, ③ 기국주의, ④ 보호주의, ⑤ 세계주의로 5가지 입법주의가 있다. 이 중에서 세계주의의 경우 제한적으로 적용된다.

속지주의(영토주의)는 「형법」 제2조(국내범)에 대한민국 영역 내에서 죄를 범한 내국인과 외국인에게 적용된다. 「형법」 제2조를 통해 채택하고 있는 속지주의는 다른 말로 영토주의라고 하며, 법조문에서 죄를 범하였다 함은 공모, 예비음모, 행위, 결과 중 어느 것이라도 대한민국 영역 내에서 발생하면 족하다는 것을 의미하는 것으로 속지주의의 판단기준이 된다.

속지주의에서 주로 문제가 되는 부분은 북한에 대한 내용으로 과거에는 판례를 통해 북한도 대한민국의 영역에 속한다고 하였으나, 최근에는 판례를 통해서 북한을 우리나라 영토에서 배제하고 있다.

또한, 속지주의와 관련하여 대한민국과 미국 간의 상호방위조약에 의해서 대한민국에 거주하는 미군 등에 대하여는 조약에 따르고 있다.

속인주의란 대한민국 영역 외에서 죄를 범한 내국인(대한민국 국민)에게 적용되는 것으로 속인주의에서 말하는 내국인은 대한민국 국적을 가진 사람으로 행위 시에 대한민국의 국적을 가지고 있으면 되며, 외국 국적으로 죄를 범한 사람이 행위 이후 대한민국 국적을 취득한 경우에는 내국인으로 보지 않는다(형법 제3조). 또한, 우리나라에서 죄를 범한 경우에도 속지주의가 적용되기 때문에 속인주의가 적용된다는 것은 대한민국 영역 외에서의 범죄를 대상으로 한다는 것을 의미한다.

속인주의에서는 치외법권 지역의 범죄와 같은 경우가 문제되는데, 1982년 부산에서 발생한 미문화원 방화사건의 경우 속인주의에 의해 대한민국의 재판권을 인정하기도 하였다.

기국주의란 국외에 있는 내국 선박 등에서 외국인이 범한 죄에 대하여 대한민국 영역 외에 있는 대한민국 선박 또는 항공기 내에서 죄를 범한 외국인에게 적용한다(형법 제4조).

보호주의란 대한민국 영역외에서 다음에 기재한 죄를 범한 외국인에게 적용한다. 내란의 죄, 외환의 죄, 국기에 대한 죄, 통화에 관한 죄, 유가증권/우표와 인지에 관한 죄, 문서에 관한 죄 중 제225조 내지 제230조, 인장에 관한 죄 중 제238조, 대한민국 영역 외에서 대한민국 또는 대한민국 국민에 대하여 제5조에 기재한 이외의 죄를 범한 외국인에게도 형법을 적용한다. 단 행위자의 법률에 의하여 범죄를 구성하지 아니하거나 소추 또는 형의 집행을 면제할 경우에는 예외로 한다(형법 제6조).

6. 법률불소급의 원칙

법률불소급의 원칙은 법률은 기왕(旣往)에 (즉, 법률 시행 전으로 거슬러 올라가서) 소급하지 못한다는 것이다. 이 대원칙은 로마법에 근거하여 세계 각국이 예외 없이 채택한 것으로서, 재판은 과거의 사실을 심판하는 것이지만 법률은 장래의 사항을 규정하는 것을 의미한다.

그러므로 새로 제정된 법률은 그 시행 전의 사실에 적용할 수 없는데, 원래 이 원칙은 국민의 권리를 보전하며 공중의 안녕을 유지함에 매우 긴요하기 때문이다. 만일 이를 위반하여 신법으로써 기왕에 소급하게 된다면 종전에는 정당한 행위이던 것이 현재는 부당하게 되어 처벌대상이 되거나, 현재는 적법한 계약이라고 하여 체결된 것이 장래에는 위법·무효로 되어 국민이 정당하게 얻은 권리를 빼앗기고 정당하게 행한 행위가 파괴되어 국민의 권리, 재산, 생명, 자유는 잠시도 안녕을 얻지 못하게 될 것이다. 따라서 이 원칙은 법치국가의 원칙 중 법적 안정성의 원칙, 신뢰보호의 원칙, 법적 평화의 원칙에서 나온다고 할 수 있다.

소급에는 진정소급과 부진정소급이 있는데, 전자는 법률의 효력발생일 이전에 이미 완성된 사항에 대하여 법이 적용되는 경우를 가리키며, 후자는 효력발생일까지 진행 중인 사항에 대하여 법이 적용되는 경우를 가리킨다. 불소급의 원칙은 원칙적으로 진정소급의 금지를 의미한다. 우리 헌법재판소와 대법원은 "개정법령이 기존의 사실 또는 법률관계를 적용대상으로 하면서 국민의 재산권과 관련하여 종전보다 불리한 법률효과를 규정하고 있는 경우에도 그러한 사실 또는 법률관계가 개정법령이 시행되기 이전에 이미 완성 또는 종결된 것이 아니라면 이를 헌법상 금지되는 소급입법에 의한 재산권침해라고 할 수는 없다"라고 판시하고 있다.

7. 죄형법정주의

대한민국「헌법」제13조 제1항은 "모든 국민은 행위시의 법률에 의하여 범죄를 구성하지 아니하는 행위는 소추되지 않으며"라고 규정하고 있고,「형법」제1조 제1항도 "범죄의 성립과 처벌은 행위시의 법률에 의한다"라고 규정하고 있다.

예컨대, 구법에서 무죄라 한 행위를 신법이 유죄라고 하거나 구법의 경한 죄를 신법이 중한 죄라고 하는 때에는 신법 시행 전의 행위에 소급적용할 수 없지만, 그 예외로서 구법에서 유죄라고 한 행위를 신법에서 무죄라고 하는 때와 구법에서 중한 죄라고 한 것을 신법은 경한 죄라고 하는 때에는 기왕에 불소급하는 원칙에 어긋나게 신법을 적용할 수 있다. 이것은 구법의 행위라도 경한 신법을 적용하면 기득권을 해침이 없고, 국가는 구법의 가혹함을 인정하고 반성하여 개정하기 때문에, 만일 구태여 구법을 적용한다면, 이는 불필요한 엄벌을 시행하여 형벌의 취지를 저버리게 되는 결과로 되기 때문이다.

제5절 법의 해석

1. 문리해석

모든 법규는 해석을 요한다. 모든 해석은 법규의 문언에서 출발한다. '법규의 문언'은 모든 법해석 최초의 출발점이다. 법규의 문언의 신중한 인식과 분석은 적정한 해석에 대한 전제요건이다. '법규의 문언의 표현'으로부터 법규제정자의 규율의도와 개별법규의 목적이 도출된다.

'법규의 언어'는 법규제정자가 원한 규범목적을 달성하는 데 있어 너무 다의적(多義的)이고 불안정하고 변천 가능한 전달도구이다. 비록 문언의 의미가 큼에도 불구하고, 과도한 '자구추종주의'는 잘못된 해석방법이다. 문언 자체만으로는 그 법규가 좁게 해석될 것인지, 아니면 폭넓게 해석될 것인지 여부에 대하여는 아무것도 말해주지 않는다. 이 문제는 '규범목적', 즉 법규제정자의 규율의도에 비추어, 결정되어야 한다. 그러나 이 '규범목적'은 문언 안에서만 찾을 필요는 없다. 따라서 언제나 추가적인 해석측면, 즉 '체계적 해석'과 '연혁적 해석'이 첨가되어야 한다.

'법규상의 개념(용어)'의 이해를 위해서는, 그 개념의, 해당 법규제(개)정 시의 의미와 그 개념의, 해당 법규 해석·적용 시의 의미를 기준으로 하고, '일상용어 또는 전문용어'를 기준으로 해야 한다. 헌법상 요구되는 법률에의 구속에 비추어, 문언해석의 목표는 해당 법률개념의 제(개)정시점의 전문용어적 의미의 탐구이다.

2. 연혁적 해석

법규를 이해하려고 하는 사람은 그 법규의 문언이 답하려고 한 상황을 알아야 한다. 원래의 규율의사와 규범목적을 알 수 있기 위해서 법규적용자는 '당시의 사회적·정신적 상황'과 '해당 법규의 제(개정)배경과 연혁'을 조사해 보아야 한다.

'연혁적 해석방법'은 모든 법적용 시의 불가결한 최초의 단계이며, '문리해석'도 '연혁적 해석방법'에 기여한다. 또한, 원래의 규율목적을 알 수 있기 위해서 법적용자는 '규범제정자의 언어', 즉 '해당 법규의 제(개)정 시의 언어'를 이해하도록 노력해야 한다.

해당 법규가 제(개)정 시의 의미대로 (즉, 제정자의 의도대로) 해석되어야 할 것인지, 아니면 적용시점의 의미대로 (즉, 법적용자의 의도대로) 해석되어야 할지라는 상투적 질문은, '방법론적으로 적정한 법적용'이 아니다. 무엇보다도, 조사될 수 있는 한 원래의 법규제정자에 의해, 해당 법규의 제(개)정 시에 추구된 규범목적이 조사되어야 한다. 그 뒤에 법적용자는 그 법규의 제(개)정 이래로, '규율사항' 또는 '법공동체의 가치관념'이, 규정된 법적 효과가 수정되지 않으면 안 될 정도로 변경되거나, 그 법규 전체가 적용할 수 없게 변경되었는지 하는 문제 앞에 서게 된다.

3. 체계적 해석

모든 개별 법규는 오직 전체법질서의 체계 안에서의 '위치와 기능'에 기해서만 적정하게 해석·적용될 수 있다. '체계적 해석'은 다음 세 가지의 차원을 준수해야 한다. ① 개별법규정은 우선 '해당 법률'의 문맥 안에 있다. ② 또한, 법질서의 다른 법규들도 고려되어야 한다, ③ 특히, 헌법이 중요한 역할을 한다.

법질서의 '내적 체계'에 따른 해석은 법적용자가 전체법질서 중 해당 해석 관련 부분의 가치평가관련성을 살펴보는 것을 전제로 한다. '법질서의 내적 체계'는 '법률상의 가치평가'와 '판례상의 가치평가' 그리고 '헌법과 법률상의 법원칙들'로 구성되어 있다.

법질서의 통일성은 실제로 존재한다기보다 단지 이상일 뿐이다. 실정법질서도 그리고 판례법도 결코 전적으로 모순·충돌이 없는 것이 아니다. '법질서의 기원'에서 보더라도, '상이한 시대'와 '상이한 정치체제' 때문에 이미 '법률상 경합'들과 '법규 간 모순·상충'은 불가피하다. 따라서 '실제로는 존재하지 않는 법질서의 가치평가의 통일성'과 '모든 현존하는 실정의 가치평가기준의 체계적 파악'을 통하여, '조화로운 해석'을 비로소 산출시키는 것이 법원의 임무이다. 그 '조화로운 해석'을 위한 핵심적 기준은 '법적용자의 입법정책적인 규율이상'이 아니고, '입법의 추정되는 규율의사'이다.

4. 객관적 · 목적론적 해석

'주관적' 이론은 그 해석의 결정적 비중을 법규정립자의 규율의사에 두고, 따라서 '연혁적인 규범목적의 탐구'가 된다.

법적용자가 '본래의 규범목적'에서 벗어나면, 그는 그 법률을 더 이상 해석하는 것이 아니라, '입법의 가치평가'를 '법적용자 자신의 가치평가'로써 대체하는 것이다.

또한, 법학적 방법론상의 문제는 법규의 제(개)정시점을 기준으로 할 것인지, 아니면 법규적용시점을 기준으로 할 것인지의 양자택일에 의해 해결되지 않는다. '주관적' 해석이론도 그리고 '객관적' 해석이론도 각각 그 장점이 있다. 그러므로 두 이론 중 어느 한 가지 이론이 전적으로 옳다거나 또는 전적으로 틀리다고 할 수 없다. 두 이론은 법의 해석과 적용에 있어서, 각각 필수적인 단계들을 다루고 있기 때문이다.

제2부

군사행정과 법

군조직에 관한 법률

제1절 국군조직법

1. 목적

「헌법」 제89조에서는 합동참모의장과 각군참모총장의 임명은 국무회의의 심의를 거쳐야 한다고 규정하고 있다. 국군조직법에 따라 국군은 육군, 해군 및 공군 그리고 해병대를 두고 있다(국군조직법 제2조 제1항).

2. 조직과 주임무

국군은 육군, 해군 및 공군(이하 "각군"이라 한다)으로 조직하며, 해군에 해병대를 둔다. 각군의 전투를 주임무로 하는 작전부대에 대한 작전지휘·감독 및 합동작전·연합작전을 수행하기 위하여 국방부에 합동참모본부를 둔다. 군사상 필요할 때에는 대통령령으로 정하는 바에 따라 국방부장관의 지휘·감독하에 합동부대와 그 밖에 필요한 기관을 둘 수 있다(국군조직법 제2조 제1항 및 제3항).

육군은 지상작전을 주임무로 하고 이를 위하여 편성되고 장비를 갖추며 필요한 교육·훈련을 하며, 해군은 상륙작전을 포함한 해상작전을, 해병대는 상륙작전을 주임무로 하고 이를 위하여 편성되고 장비를 갖추며 필요한 교육·훈련을 한다. 공군은 항공작전을 주임무로 하고 이를 위하여 편성되고 장비를 갖추며 필요한 교육·훈련을 한다(국군조직법 제3조 제1항, 제2항, 제4항).

3. 국방부장관과 합동참모의장의 권한

국방부장관은 대통령의 명을 받아 군사에 관한 사항을 관장하고 합동참모의장과 각군 참모총장을 지휘·감독한다(국군조직법 제8조). 합동참모의장은 국방부장관을 보좌하여 전투를 주임무로 하는 각군의 작전부대를 작전지휘·감독하고, 합동부대를 지휘·감독한다(국군조직법 제9조 제2항). 육군·해군·공군 참모총장은 국방부장관의 명을 받아 각각 해당 군을 지휘·감독하는데, 전투를 주임무로 하는 작전부대에 대한 작전 지휘·감독은 합참의장에게 있다. 한편, 해병대는 해군참모총장의 명을 받아 해병대를 지휘·감독한다(국군조직법 제10조 제1항 내지 제3항).

각군 부대와 기관의 설치에 필요한 사항은 대통령령에 따르며, 필요한 사항은 각국 참모총장에게 위임할 수 있다(국군조직법 제15조 제2항).

제2절 사관학교 설치법 및 국방대학교 설치법

1. 사관학교의 설치와 수업연한

육군·해군·공군의 정규 장교가 될 사람에게 필요한 교육을 하기 위하여 육군·해군·공군에 각각 사관학교를 두며, 군사과학기술의 발전과 장교의 자질 향상을 위하여 각군 사관학교에 이공계대학원(이하 "대학원"이라 한다)을 둘 수 있다(사관학교 설치법 제1조 제1항 및 제2항). 사관학교의 수업연한은 4년으로 하며, 대학원의 수업연한은 2년으로 한다(사관학교 설치법 제2조 제1항 및 제2항).

2. 입학자격 및 교과과정

사관학교에 입학하려는 사람은 다음의 요건을 모두 갖추어야 하며, 그 요건은 ① 17세 이상 21세 미만의 미혼일 것. 다만, 「제대군인지원에 관한 법률」 제16조 제1항 및 제2항에 따른 제대군인에 해당하는 경우에는 대통령령으로 정하는 바에 따라 입학연령 상한을 연장한다. ② 「군인사법」 제10조 제2항에 따른 결격사유에 해당하지 아니할 것, ③ 「고등교육법」 제33조 제1항에 따른 학력이 있을 것, ④ 학칙으로 정하는 신체기준에 맞을 것으로 정한다. 대학원에 입학할 수 있는 사람은 「고등교육법」 제33조 제2항에 따른 학력이 있는 사람으로서 다음 어느 하나에 해당하는 사람으로 ① 소령 이하의 현역 장교, ② 대통령령으로 정하는 기관 또는 단체의 직원을 의미한다(사관학교 설치법 제6조 제1항 및 제3항).

사관학교의 교과는 군사학 과정과 일반학 과정으로 나누며, 군사학 과정에 관한 사항은 국방부장관이 정하고 일반학 과정에 관한 사항은 국방부장관이 교육부장관과 협의하여 정한다. 교과과정은 학위를 수여하기에 충분한 것이어야 하고, 일반학 과정과 그 시설에 관하여는 「고등교육법」 중 대학에 관한 규정을 준용한다. 대학원 석사과정의 교과는 군사과학기술에 관한 학문적 연구에 필요한 것으로 하되 국방부장관이 교육부장관과 협의하여 정한다(사관학교 설치법 제6조 제1항 및 제3항).

3. 교육자

사관학교에 교장 외에 대통령령으로 정하는 바에 따라 필요한 공무원과 군인, 군무원(이하 "공무원"이라 한다)을 둔다. 교장은 각군의 장성급(將星級) 장교 중에서 각군 참모총장의 제청으로 국방부장관을 거쳐 대통령이 임명한다. 대학원장은 「고등교육법」 제16조에 따른 자격이 있는 사람 중에서 국방부장관이 교육부장관의 동의를 받아 임명한다(사관학교 설치법 제6조 제1항 및 제3항).

교수 등의 자격 및 임용에 있어서 공무원 중 일반학 과정 및 대학원 석사과정의 교육을 담당하는 사람의 직종과 자격에 관하여는 「고등교육법」 제16조를 준용한다. 일반학 과정 및 대학원 석사과정의 교육을 담당하는 사람 중 교수·부교수는 국방부장관의 제청으로 대통령이 임명하고, 조교수는 교장의 제청으로 국방부장관이 임명하며, 조교는 교장이 임명한다. 대통령은 대통령령으로 정하는 바에 따라 제2항에 따른 교수 및 부교수의 임명권을 국방부장관에게 위임할 수 있다(사관학교 설치법 제6조 제1항 및 제3항).

4. 졸업생의 임명과 학위수여

사관학교의 4년 전과정을 이수하고 졸업한 사람은 각군의 소위로 임명한다(사관학교 설치법 제7조). 사관학교는 그 자격과 관련하여 「고등교육법」 제31조에 따른 수업연한 4년의 대학으로 보고, 그 졸업자에게는 학사학위를 수여한다. 이 경우 학위의 종류 등 학사학위 수여에 필요한 사항은 대통령령으로 정한다. 대학원의 정하여진 전과정을 이수하고 일정한 시험에 합격한 사람에게는 석사학위를 수여하되 그 학위의 종류, 수여 절차 및 등록에 관하여는 「고등교육법」에서 정하는 바에 따른다(사관학교 설치법 제8조).

5. 국방대학교의 목적과 설치

국방대학의 설치목적은 국가안전보장에 관련되는 안보정책·국방관리 등에 관한 학술의 교육·연구·분석 및 발전을 도모하고, 국가안전보장에 관한 업무를 담당할 전문인력을 양성하기 위하여 설치하고 운영하는 것이며, 국방부장관 소속으로 국방대학교를 둔다(국방대학교 설치법 제1조 및 제2조).

6. 대학원의 설치 및 과정과 수업연한

국방대학교에 안전보장대학원, 국방관리대학원 및 직무연수부를 둔다. 국방대학교의 하부조직으로 교수부(教授部)와 그 밖에 필요한 부서를 둔다. 각 대학원, 직무연수부 및 교수부 등의 조직·임무 및 운영 등에 필요한 사항은 대통령령으로 정한다(국방대학교 설치법 제3조).

국방대학교에 학위를 수여하지 아니하는 기본과정(이하 "기본과정"이라 한다)과 학위를 수여하는 학위과정(이하 "학위과정"이라 한다)을 두고, 국방부장관이 필요하다고 인정하는 경우에는 특별과정을 둘 수 있다. 기본과정의 수업연한은 1년으로 하고, 학위과정의 수업연한은 「고등교육법」 제31조에 준하여 대통령령으로 정하며, 특별과정의 수업연한은 국방부장관이 정한다. 기본과정 및 학위과정의 운영 등에 필요한 사항은 대통령령으로 정한다(국방대학교 설치법 제4조).

7. 입학자격과 교과 및 학위수여

국방대학교에 입학할 수 있는 사람은 군, 정부기관, 그 밖에 대통령령으로 정하는 기관 또는 단체에서 선발된 사람 중 다음 구분에 따른 사람으로 한다. ① 기본과정: 대통령령으로 정하는 자격이 있는 사람, ② 학위과정: 「고등교육법」 제33조에 따른 자격이 있는 사람으로서 대통령령으로 정하는 자격이 있는 사람, ③ 특별과정: 국방부장관이 정하는 자격이 있는 사람으로 한다(국방대학교 설치법 제5조).

국방대학교의 기본과정의 교과는 국가안전보장정책의 수립·집행에 필요한 것으로 한다. 학위과정의 교과는 국가안전보장 및 국방과학에 관한 학문적 연구에 필요한 것으로 하되, 국방부장관이 교육부장관과 협의하여 정한다. 특별과정의 교과는 국방부장관이 정한다.

학위과정을 마친 사람에게는 「고등교육법」 제35조에 따라 학위를 수여하고 등록하되, 학위의 종류는 국방부장관이 교육부장관과 협의하여 정한다(국방대학교 설치법 제6조 및 제7조).

제3절 국방과학연구소법

1. 설립 목적과 법적 성격

국방과학연구소를 설립하여 국방에 필요한 병기·장비 및 물자에 관한 기술적 조사·연구·개발 및 시험과 이에 관련되는 과학기술의 조사·연구 및 시험 등을 담당하게 하여 국방력의 강화와 자주국방의 완수에 기여함을 목적으로 국방과학연구소(이하 “연구소”라 한다)는 법인으로 한다(국방과학연구소법 제1조 및 제2조).

2. 사업 및 사업연도

연구소는 목적을 달성하기 위하여 국방부장관의 감독을 받아 다음의 사업을 한다. ① 병기·장비와 그 밖의 군용 물자에 관한 기술적 조사·연구·개발과 이에 관련된 계통공학, 인간공학, 그 밖의 과학기술의 조사·연구, ② 병기·장비와 그 밖의 군용 물자의 제식(制式) 및 규격의 조사·연구, ③ 국방에 필요한 무기체계와 관련된 각종 자원, 조직, 제도 및 운영의 분석·연구, ④ 병기 및 장비의 시험제작을 위한 설계 및 설명서의 작성·검토와 시험제작품의 기술시험, ⑤ 각종 병기 및 장비의 성능시험, ⑥ 병기·장비와 그 밖의 군용 물자와 전략자원에 관한 기술정보 사업, ⑦ 병기·장비와 그 밖의 군용 물자에 관한 연구위탁, 연구보조 또는 지원 등을 진행한다(국방과학연구소법 제7조 제1항).

국방부장관은 소관 업무 중 제1항에 따라 연구소가 하는 사업에 해당하는 것은 연구소로 하여금 수행하게 하고, 업무의 수행에 특히 필요하다고 인정할 때에는 국방부장관의 권한의 일부를 연구소 소장으로 하여금 대행하게 할 수 있다. 연구소는 각 사업 수행에 지장을 주지 아니하는 범위에서 국방부장관의 승인을 받아 각 사업 외에 민·군기술협력사업과 민간장비의 시험·평가 지원사업을 할 수 있다(국방과학연구소법 제7조 제2항 및 제3항).

3. 비밀엄수 의무

연구소의 임직원, 임직원으로 재직하였던 사람, 공인회계사 및 지원근무자는 직무상 알게 된 비밀을 누설하거나 도용(盜用)하지 못한다(국방과학연구소법 제15조).

군인사 관련 법

제1절 군인사법

군인사법은 군인의 책임 및 직무의 중요성과 신분 및 근무조건의 특수성을 고려하여 그 임용, 복무, 교육훈련, 사기 및 신분보장 등에 관한 내용을 규정하고 있다(군인사법 제1조). 이 법률은 국가공무원법의 특별법적인 성격을 가지고 있다. 적용범위는 군인, 준(準)군인, 소집된 예비역 및 보충역에 적용이 된다. 군인의 계급에 대한 내용도 장군 – 일반병까지 총 20단계로 구분하고 있으며, 의무복무기간과 현역정년을 규정하고 있다.

각 계급별 신분과 주요직위자인 합창의장, 참모총장 등에 대한 임용권자 및 임용권에 대한 규정 등을 담고 있는데, 이는 '민주적 정당성'에 기반한 책임과 의무를 부여하는 법치주의적 체계가 확립된 것으로 볼 수 있다. 계급별 진급과 최저복무기간에 대한 내용과 함께 진급권자도 계급에 따라 규정하고 있다.

1. 현역의 복무 및 정년

군인사법의 적용범위는 다음과 같다. ① 현역에 복무하는 장교, 준사관, 부사관 및 일반병, ② 사관생도, 사관후보생, 준사관후보생 및 부사관후보생, ③ 소집되어 군에 복무하는 예비역 및 보충역에 적용된다(군인사법 제2조).

<유권해석례> 사관학교 가입학자가 군형법 피적용자인지 여부

[질의요지] 사관학교 입학시험에 합격하여 가입학한 자가 무단이탈하였을 때 적용하여야 할 법률관계

[답변 및 이유] 사관학교의 장은 필요하다고 인정할 때에는 예비교육을 실시하기 위하여 입학예정자를 입학기일 전에 가입학시킬 수 있으나(사관학교 설치법 시행령 제26조), 사관생도는 입학한 날로부터 각 군의 군적에 편입되므로(동 시행령 제28조), 사관학교 입학시험에 합격하여 가입학한 자는 군형법 제1조 제3항 제2호의 군적을 가진 군의 학교의 생도에 해당한다고 할 수 없고, 따라서 군형법의 적용을 받지 않으며, 달리 다른 범죄를 구성한다고 할 수 없어 형사처벌할 수 없다고 사료됨(국방부 법송 2400-1-454, 1989. 4. 14).

2. 장교의 계급

장교는 장성장교, 영관장교, 위관장교 및 준사관으로 분류한다. 세부 계급은 아래 표와 같다.

장성	원수, 대장, 중장, 소장, 준장
영관	대령, 중령, 소령
위관	대위, 중위, 소위

※ 「군인사법」 제3조의 내용을 재정리함

3. 복무의 구분

장교는 장기복무와 단기복무로 구분된다. 장기복무 장교는 ① 사관학교를 졸업한 자로 군법무관, ② 장기복무를 지원하여 임용된 군법무관, ③ 단기복무 장교 중 장기복무 장교로 선발된 자, ④ 해군의 장교 또는 공군의 장교로서 비행훈련과정을 수료하여 비행자격을 취득한 자로 한다. 단기복무 장교는 ① 육군 3사관학교나 국군간호사관학교를 졸업한 자, ② 사관학교후보생과정 출신 장교, ③ 학생군사교육단(ROTC) 사관후보생과정 출신 장교, ④ 예비역 장교로서 전역 당시의 계급에 재임용된 중위 이상의 장교, ⑤ 기타 장기복무 장교에 속하지 아니하는 장교로 한다(군인사법 제6조 제1항 내지 제3항).

장기복무 장교의 의무복무 기간은 10년으로 한다. 다만, 장기복무 장교로 임용된 날부터 5년이 되는 해에 한 차례 전역을 지원할 수 있다. 국방부장관은 인력 운영을 위하여 필요하다고 인정하는 경우에는 2년의 범위에서 의무복무기간을 단축할 수 있다. 단기복무 장교의 의무복무 기간은 3년으로 한다. 다만, 육군3사관학교나 국군간호사관학교를 졸업한 사람은 6년으로 하고, 학생군사교육단 사관후보생과정 출신 장교, 여군 중 간호과 장교(국군간호사관학교를 졸업한 간호과 장교는 제외) 및 예비역 장교로서 전역 당시의 계급에 재임용된 중위 이상의 장교에 대하여는 국방부장관이 각 군의 인력 운영을 위하여 필요하다고 인정하는 경우 1년의 범위에서 그 복무기간을 단축할 수 있다(군인사법 제7조 제1항).

표 2-1 복무 구분별 의무복무기간

<table>
<tr><th>구분</th><th>법정연한</th><th>현행</th><th>구분</th><th>법정연한</th><th>현행</th></tr>
<tr><td>육사</td><td>10년</td><td>10년</td><td rowspan="2">간호</td><td>사관</td><td>6년</td></tr>
<tr><td>학군</td><td>3년(-1년)</td><td>2년 4개월</td><td>후보생</td><td>3년(-1년)</td></tr>
<tr><td>학사/간부사관</td><td>3년</td><td>3년</td><td colspan="2">여군</td><td>3년</td></tr>
<tr><td>3사</td><td>6년</td><td>6년</td><td colspan="2">군의, 치의, 법무, 군종사관</td><td>3년</td></tr>
<tr><td>군 법무관</td><td>10년</td><td>10년</td><td colspan="2">특수사관(재정, 의정,
남자간호, 통역, 교수)</td><td>3년</td></tr>
</table>

※ 「군인사법」 제7조의 내용을 재정리함

군인으로서 위탁교육이나 그 밖의 교육을 받은 사람은 다음에 따른 기간을 의무복무기간에 가산하여 복무한다. 이 경우 가산하여 복무할 기간은 의무복무 연한 내에 교육을 마친 경우에는 그 의무복무 연한 만료일의 다음 날부터 계산하고, 의무복무 연한이 지난 후에 교육을 마친 경우에는 그 교육이 끝난 날의 다음 날부터 계산한다. 만일, 외국에서 6개월 이상 위탁교육을 받은 사람은 그 교육기간의 2배에 상당하는 기간을 가산한다. 국내의 군 외의 교육기관에서 6개월 이상 위탁교육을 받은 사람은 그 교육기간에 상당하는 기간을 가산한다. 국내의 군 교육기간에서 학위과정의 교육을 6개월 이상 받은 사람은 그 교육기간에 상당하는 기간을 가산한다. 국내에서 주간 근무를 하면서 수업료를 지급받고 군 외의 교육기간에서

야간과정의 위탁교육을 받은 사람은 그 교육기간의 2분의 1에 상당하는 기간을 가산한다(군인사법 제7조 제2항). 군 가산복무 지원금을 받은 사람으로서 단기복무 장교로 임용된 사람은 군 가산복무 지원금을 받은 기간에 상당하는 기간을 의무복무기간에 가산하여 복무한다(군인사법 제7조 제4항).

<유권해석> 장기복무장교의 5년차 전역 가산점

[질의요지] 사관후보생 선발 시 10년간 복무할 것을 서약하고 1994. 6. 11. 단기복무장교로 임용된 자가 1997. 3. 21. 장기복무지원서를 제출하고, 1997. 5. 24. 장기복무장교로 선발되어 군 복무하던 중 군인사법 제7조 제1항 제1호에 의하여 5년차 전역 지원을 한 경우, 5년차 전역의 가산점이 단기복무장교로 임용된 시점인지, 장기복무장교로 선발된 시점인지 여부

[답변 및 이유] 군인사법(1994. 12. 31. 제4839호로 개정 전 법률) 제7조 제1항은 "장기복무장교는 10년으로 하되 제5년차에 1회의 전역지원을 할 수 있다"라고 규정하고 있었는 바, 이 규정에 근거하여 장기복무장교는 장교로 임관하여 4년의 복무를 마친 이후 5년의 복무를 마치기 이전 전역할 수 있도록 하고 있었으나, 개정된 군인사법 제7조 제1항은 "장기복무장교는 10년으로 하되 장기복무장교로 임용한 날로부터 제5년차에 1회의 전역지원을 할 수 있다"라고 규정하여 명확히 장기복무장교로 임용한 날을 전역지원의 기산점으로 규정하고 있으므로, 단기복무장교 중 장기복무장교로 선발된 자는 선발된 때로부터 임용된 것이라고 보는 것이 군인사법의 변천을 고려할 때 타당함.

다만, 본 질의사안에서는 사관후보생선발 시 작성한 복무서약서(군인사법상 존재하지 않는 문서임)가 실제 어떤 의미로써 작성되고 그 효력이 어떻게 발생하고 있는지 여부를 확인하고, 장기복무장교를 선발하는 절차를 확인하여, 실제로 당사자가 장기복무 장교로 선발된 시점을 명확히 해석을 적용할 필요가 있음(국방부, 국방관계법령해석 질의응답집 23, 1999).

<유권해석> 학군장교의 의무복무기간

[질의요지] 사관후보생 선발 시 10년간 복무할 것을 서약하고 1994. 6. 11. 단기복무장교로 임용된 자가 1997. 3. 21. 장기복무지원서를 제출하고, 1997. 5. 24. 장기복무장교로 선발되어 군 복무하던 중 군인사법 제7조 제1항 제1호에 의하여 5년차 전역 지원을 한 경우, 5년차 전역의 가산점이 단기복무장교로 임용된 시점인지, 장기복무장교로 선발된 시점인지 여부

[답변 및 이유] 가산복무기간도 의무복무기간으로 보아야 할 것임. 군인사법 제7조 제1항

은 장교 및 준사관, 부사관의 신분별 의무복무기간에 관하여 규정하고 있고, 동조 제2항에서 제5항까지 각종 가산복무기간에 관하여 규정하고 있는 바, 군인사법 제7조가 '의무복무기간'이라는 표제 하에 의무복무기간과 가산복무기간에 관하여 한 조항에서 함께 규정하고 있는 점에 비추어 보면, 위 가산복무기간은 의무복무 기간의 일종으로 광의의 의무복무기간에 포함된다고 할 것이므로 위 학군장교의 가산복무기간도 의무복무기간으로 보아야 할 것으로 판단됨(국방부, 국방관계법령해석 질의응답집 22, 1997).

4. 현역의 정년

장교의 정년은 세 가지 방법을 혼용하여 적용하고 있으며, 여기에는 연령정년, 근속정년, 계급정년이 있다. 이때 연령정년은 전 계급에 적용되는 반면에 근속정년은 영관 및 위관장교에게 적용되고, 계급정년은 장성 중 중장 이하 계급에 적용된다(군인사법 제8조 제1항).

표 2-2 현역장교에게 적용되는 정년

구분	원수	대장	중장	소장	준장	대령	중령	소령	위관
연령정년	종신	63세	61세	59세	58세	56세	53세	50세	43세
근속정년						35년	32년	24년	15년
계급정년			4년	6년	6년				

※ 「군인사법」 제8조의 내용을 재정리함

※ 소령 연령정년은 2024년 1월 1일부터 50세로 변경

<유권해석> 예비역 소령의 부사관 재임용 가능 여부

[질의요지] 장교로 20년간 복무 후 만기 전역한 소령을 부사관(원사)으로 재임용할 수 있는지 여부

[답변 및 이유] 군인사법의 개정이 없는 한 임용이 불가능하다고 판단됨. 현행법상 부사관 임용자격요건에 관하여 장교로 전역한 자를 부사관 임용대상에서 제외하는 명문의 규정이 존재하지 않으므로, 일반적으로 장교로 전역한 자를 부사관으로 임용하는 것은 가능하다 할 것이나, 군인사법상에는 국가공무원법상의 특별채용(동법 제28조 제2항)이나 강임(동법 제73조의3)과 같은 제도가 존재하지 않으므로 군인사법 제9조 제1항, 제14조, 동법 시행

규칙 제14조 소정의 일반적인 임용절차에 의하여야 할 것임(국방부, 국방관계법령해석 질의응답집 18, 1990, 18면).

군인사법 시행규칙 제15조는 “부사관의 초임계급은 하사로 한다. 다만, 사관학교 제4학년에 재학중이던 자는 중사로 할 수 있다”라고 규정하고 있으므로 예비역 소령에 대해서도 원사가 아닌 하사로 초임계급이 부여되어야 할 것인바, 그 결과 본 사안의 경우 군인사법 제15조 제1항의 임용연령 제한(부사관의 경우 만 27세)에 저촉될 뿐 아니라 동법 제8조 제1항 제1호의 연령정년(하사의 경우 만 40세)에도 저촉되어 현행법상 예비역 소령의 부사관 임용은 불가능하다고 판단됨.

5. 장교의 보임

장교의 임용체계는 다양하다. 수요자 입장에서 맞춤식 교육을 통해 양성과정의 특성을 최대한 활용하기 위함이다. 즉, 장교는 ① 사관학교나 육군3사관학교를 졸업한 사람, ② 국군간호사관학교를 졸업하고 간호사 국가시험에 합격한 사람, ③ 사관후보생과정을 마친 사람, ④ 학생군사교육단 사관후보생과정을 마친 사람 중에서 선발된 사람, ⑤ 전문 분야나 기술 분야에 대한 지식과 경험이 풍부하며 전형에 합격한 사람으로서 해당 분야의 정하여진 과정을 마친 사람, ⑥ 전시에 탁월한 통솔력을 발휘한 준사관 및 부사관으로서 장성급 지휘관으로부터 현지임관의 추천을 받은 사람, ⑦ 외국 장교양성학교의 모든 과정을 마친 사람 중에서 임용한다(군인사법 제11조 제1항).

전시에는 사관학교의 제4학년생, 육군3사관학교의 제2학년생, 국군간호사관학교의 제4학년생, 학생군사교육단 사관후보생 과정의 대학·교육대학 및 사범대학의 제4학년생을 장교로 임용할 수 있다(군인사법 제11조 제2항).

6. 장교의 초임계급과 임용권 및 임기

장교의 초임계급은 소위로 한다. 하지만 다음에 해당하는 사람의 초임계급은 중위 이상으로 할 수 있다. 즉, ① 사법연수원 과정을 마치거나 법학전문대학원을 졸업하고 변호사시험에 합격한 후 법무과의 장교로 임용되는 사람, ② 의사·치과의사·한의사·수의사 또는 약사 국가시험에 합격하여 의무장교로 임용되는 사람, ③ 학사 이상의 학위를 가진 목사, 신부, 승려, 그 밖에 이와 동등한 직무를 수행하는 사람으로서 군종장교로 임용되는 사람, ④ 다음 각 목의 어느 하나에 해당하는 사람으로서 총 교육기간이 5년 이상인 사람으로 (가) 사관학교, 육군3사관학교 또는 국군간호사관학교를 졸업한 사람으로서 그 재학기간 중에 외국 장교양성학교에서 위탁교육을 받은 사람, (나) 외국 장교양성학교의 모든 과정을 마친 사람으로서 그 재학기간 중에 사관학교, 육군3사관학교 또는 국군간호사관학교에서 위탁교육을 받은 사람, ⑤ 다음 각 목에 따른 공무원으로 임용된 사람. 이 경우 기본병과 중 대통령령으로 정하는 병과에 임용된 사람으로 한정한다. (가) 국가기관에서 주관하는 5급 공무원 공개경쟁 채용시험에 합격하고 시보임용을 거친 후 공무원으로 임용된 사람, (나) 「외무공무원법」 제10조 제1항 단서에 따라 5등급 외무공무원으로 임용된 사람, ⑥ 그 밖에 전문 분야나 기술 분야에 종사한 사람으로서 해당 전공 분야와 직접 관련이 있는 병과의 장교로 임용되는 사람이 여기에 해당한다(군인사법 제12조 제1항).

장교는 참모총장의 추천을 받아 국방부장관의 제청으로 대통령이 임용한다. 다만, 대령 이하의 장교는 대통령의 위임을 받아 국방부장관이 임용할 수 있으며 이 경우 국방부장관은 장교의 임용을 참모총장으로 하여금 임용하게 할 수 있다(군인사법 제13조 제1항).

준사관은 국방부장관이 임용한다. 다만, 국방부장관은 육군참모총장에게 임용권을 위임할 수 있다(군인사법 제13조 제2항). 부사관은 참모총장이 임용한다. 다만, 참모총장은 장성급 지휘관에게 임용권을 위임할 수 있다(군인사법 제13조 제3항).

장교는 임기가 끝나기 전에는 보직이 변경되거나 보직에서 해임되지 아니한다. 다만, ① 상위의 직위에 보직되는 경우, ② 심신장애로 인하여 직무를 수행하지 못하게 되었을 경우, ③ 해당 직무를 수행할 능력이 없다고 인정되었을 경우, ④ 전투작전상 필요한 경우에 해당하면 그러하지 아니한다(군인사법 제17조 제1항). 장교의 보직 해임에 관한 사항을 심의하기 위하여 보직해임 심의위원회를 둔다(군인사법 제17조 제2항).

7. 주요 직위자의 임명

원수는 국가에 뚜렷한 공적이 있는 대장 중에서 임명한다. 이때 국방부장관의 추천과 국무회의의 심의를 거쳐 국회의 동의를 받아 대통령이 임명한다(군인사법 제17조의2 제1항 및 제2항).

합동참모의장(이하 "합참의장"이라 한다)은 참모총장을 역임한 사람이나 장성급 장교 중에서 국방부장관의 추천을 받아 국무회의의 심의를 거쳐 대통령이 임명한다. 이 경우 국회의 인사청문회를 거쳐야 한다. 합참의장은 재임기간 동안 군에서 복무하는 현역장교 중 최고의 서열을 가진다. 합참의장의 임기는 2년으로 한다. 다만, 전시·사변 또는 국방상 필요할 때에는 1년 이내의 범위에서 그 임기를 연장할 수 있다. 합참의장에 대하여는 임기 동안 연령정년을 적용하지 아니하며, 그 직위에서 해임 또는 면직되거나 그 임기가 끝났을 때에는 현역에서 전역된다(군인사법 제18조 제1항 내지 제4항).

참모총장은 해당 군의 장성급 장교 중에서 국방부장관의 추천을 받아 국무회의의 심의를 거쳐 대통령이 임명하며, 해병대사령관은 해병대 장성급 장교 중에서 해군참모총장의 추천을 받아 국방부장관의 제청으로 대통령이 임명한다. 참모총장의 재임기간 동안 해당 군에서 복무하는 현역장교 충 최고의 서열을 가지며, 해병대사령관은 재임기간 동안 해병대에서 복무하는 현역장교 중 최고의 서열을 가진다. 참모총장의 임기는 2년으로 하며, 해병대사령관의 임기는 2년으로 한다. 다만, 전시·사변시에는 한 차례 연임할 수 있다. 참모총장은 그 직위에서 해임 또는 면직되거나 그 임기가 끝난 후 합참의장으로 전직되지 아니하면 전역되며, 해병대사령관은 그 직위에서 해임 또는 면직되거나 그 임기가 끝난 후에도 진급하거나 다른 직위로 전직되지 아니하면 전역된다(군인사법 제19조 제1항 내지 제4항).

다음 직위의 보직은 해당 군의 장성급 장교 중에서 참모총장이 추천심의위원회의 심의를 거쳐 국방부장관에게 추천하고, 국방부장관은 제청심의위원회의 심의를 거쳐 제청하며, 대통령이 임명한다. 여기에는 ① 각군 참모차장, ② 전투를 주된 임무로 하는 부대의 장, ③ 그 밖에 법령으로 정하는 중요 부서의 장이 포함된다(군인사법 제20조 제1항).

참모총장은 해당 군의 장성급 장교 중에서 합동참모본부의 장성급 장교의 보직과 작전부대 및 합동부대의 장의 보직을 국방부장관에게 추천할 때에는 미리 합참의장과 협의하여야 한다(군인사법 제20조 제2항).

병과장은 각군 해당 병과 출신 장교 중에서 참모총장이 임명한다. 병과장의 임기는 2년으로 한다. 다만, 전시·사변시에는 한 차례 연임할 수 있다. 병과장은 그 직위에서 해임 또는 면직되거나 그 임기를 마쳤을 때는 다시 그 직위에 임명되지 아니하며 유사한 계통의 직위로 전직되지 아니하면 전역된다. 다만, 유사 직위에 전직된 경우에는 전직 후 2년이 지났을 때에 전역된다(군인사법 제21조 제1항 내지 제3항).

8. 장교의 진급

장교로서 최저근속기간과 계급별 최저복무기간의 복무를 각각 마치고 상위의 직책을 감당할 능력이 있다고 인정된 사람은 한 단계씩 진급시킨다(군인사법 제24조). 최저복무기간은 진급선발 대상권에 들어갈 수 있는 최저의 기간이며, 진급경쟁률이 너무 높을 때는 이를 조절하기 위하여 참모총장이 진급선발 대상권의 범위를 축소할 수 있다.

표 2-3 장교 진급을 위한 최저근속기간 및 최저복무기간[1]

진급될 계급	최저근속기간	계급별 최저복무기간
소장	28년	준장으로서 1년
준장	26년	대령으로서 3년
대령	22년	중령으로서 4년
중령	17년	소령으로서 5년
소령	11년	대위로서 6년
대위	3년	중위로서 2년
중위	1년	소위로서 1년

※ 「군인사법」 제26조 제1항의 내용을 재정리함

진급 최저복무기간의 복무를 마친 영관급 장교 이상인 사람은 인력 운영을 위하여 필요하거나 전문인력이 필요한 분야로서 대통령령으로 정하는 직위에 보임하기 위하여 필요한 경우에는 임기를 정하여 1계급 진급시킬 수 있다. 이때 진급된 사람의 임기는 2년으로 하고, 그 임기가 끝나면 전역된다. 다만, 그 직위에 다시 보직되거나 유사한 계통의 직위로 전직된 경우는 다시 보직되거나 전직된 때부터 2년의 범위에서 국방부장관이 정하는 기간이 지났을 때에 전역된다(군인사법 제24조의2 제1항 및 제2항).

복무 중에 특히 뚜렷한 공적이 있는 사람이 명예전역하는 경우에는 명예진급시킬 수 있다. 이때 명예진급된 사람의 연금, 명예전역수당 등 각종 급여는 명예진급

1) 이재평 등, 앞의 책, 136면.

전의 계급에 따라 지급하고, 그 밖의 예우는 명예진급된 계급에 따라서 한다(군인사법 제24조의4 제1항 및 제2항).

장교의 진급은 장교진급 선발위원회의 심의를 거쳐 참모총장의 추천을 받아 국방부장관의 제청으로 대통령이 행한다. 국방부장관은 제청을 하는 경우에는 제청심의위원회의 심의를 거쳐 대통령에게 제청한다. 대장의 진급은 국방부장관의 추천을 받아 국무회의의 심의를 거쳐야 한다. 대령 이하 장교의 진급은 국방부장관이 행할 수 있다. 이 경우 전시·사변 등 국가비상시에는 전사자와 순직자의 진급을 참모총장으로 하여금 행하게 할 수 있다(군인사법 제25조 제1항 내지 제4항).

장교의 진급을 위한 선발절차는 진급대상권 결정 → 진급 예정 인원 결정 → 진급선발위원회 구성 → 선발 → 후속조치순으로 이루어진다.

장교의 진급은 국방부장관이 승인한 진급 예정 인원의 범위에서 장교진급 선발위원회에 의하여 선발된 사람을 시켜야 한다. 장교진급 선발위원회는 각 계급별로 각군 본부에 설치한다. 다만, 해병대는 해병대사령부에 설치한다. 장교진급 선발위원회의 위원은 진급 선발 대상자보다 상급자인 장교나 선임인 장교 중에서 참모총장이 임명한다. 다만, 해병대사령부에 설치하는 장교진급 선발위원회의 위원은 해병대사령관이 임명한다(군인사법 제29조 제1항 내지 제3항).

장교진급 선발위원회에 의하여 선발된 사람은 추천권자, 제청권자 또는 진급권자에 의하여 취소되니 아니하는 한 진급권자가 해당 전군에 그 명단을 공표하고 궐원에 따라 선임의 순으로 수시로 진급 발령한다. 이때 진급이 공표된 사람일지라도 진급 발령 전에 진급시킬 수 없는 사유가 발생하였을 때에는 진급권자는 그 사람을 진급 예정자 명단에서 삭제할 수 있다(군인사법 제31조 제1항 내지 제2항).

합참의장이나 참모총장의 직위에 보직되는 사람에게는 그 승인된 계급을 부여할 수 있다. 다만, 2계급 이상 진급시킬 필요가 있는 경우에는 보직과 동시에 1계급을 진급시키고 보직 후 1년이 지났을 때에 승인된 계급을 부여할 수 있다(군인사법 제28조).

9. 징계

장교에 대한 징계처분은 중징계와 경징계로 나눈다. 이 경우 중징계는 파면·해임·강등 또는 정직으로 하며, 경징계는 감봉·근신 또는 견책으로 한다(군인사법 제57조 제1항 제1호 및 제2호). 중징계에서 가장 중한 처벌은 파면과 해임이다. 파면이나 해임은 장교의 신분을 박탈하는 것을 말하며, 차후 공직관계로부터 배제되는 불이익을 받는다. 다만 공직으로 취임을 제한하는 기간이 해임은 5년, 파면이 3년으로 다르다. 또한, 공무원연금법에 의해 규제되는 퇴직급여 및 수당의 감액기준이 차이를 보인다.

표 2-4 파면 및 해임 시 받는 불이익

구분	내용
파면	공직관계로부터 배제 5년간 공직취임 불가(국가공무원법 제33조 제7호) 탄핵 및 징계에 의하여 파면된 경우 퇴직급여 및 퇴직수당의 감액(공무원연금법 제65조 제1항 제2호, 공무원연금법 시행령 제61조 제1항 제1호) - 재직기간이 5년 미만인 자의 퇴직급여는 그 금액의 4분의 1 - 재직기간이 5년 이상인 자의 퇴직급여는 그 금액의 2분의 1 - 퇴직수당은 그 금액의 2분의 1
해임	공직관계로부터 배제 3년간 공직취임 불가(국가공무원법 제33조 제8호) 금품 및 향응 수수, 공금의 횡령·유용으로 징계에 의하여 해임된 경우 퇴직급여 및 퇴직수당의 감액(공무원연금법 제65조 제1항 제3호, 공무원연금법 시행령 제61조) - 재직기간이 5년 미만인 자의 퇴직급여는 그 금액의 8분의 1 - 재직기간이 5년 이상인 자의 퇴직급여는 그 금액의 4분의 1 - 퇴직수당은 그 금액의 4분의 1

※ 「군인사법」 제57조의 내용을 재정리함

강등은 해당 계급에서 1계급 낮추는 것을 말한다. 다만, 장교에서 준사관으로 강등시키지 못한다.

표 2-5 강등 시 받는 불이익

구분	내용
강등	해당 계급에서 1계급 아래로 직급을 내리고 3개월간 직무종사 금지(군무원인사법 제39조 제2항) 정직기간 중 보수 전액 삭감(군무원인사법 제39조 제2항) 호봉상급 18개월 지연(공무원보수규정 제14조 제1항 제1호) 승진임용제한 18개월(군무원인사법 시행령 제40조 제1항 제2호)

※ 「군인사법」 제57조의 내용을 재정리함

정직은 그 직책은 유지하나 직무에 종사하지 못하고 일정한 장소에서 근신하게 하는 것을 말하며, 그 기간은 1개월 이상 3개월 이하로 한다. 정직기간에는 보수의 3분의 2에 해당하는 금액을 감액한다.

표 2-6 정직 시 받는 불이익

정직	1개월 이상 3개월 이하의 기간 동안 직무종사 금지(군무원인사법 제39조 제3항) 정직기간 중 보수 전액 삭감(군무원인사법 제39조 제3항) 호봉승급 18개월 지연(공무원보수규정 제14조 제1항 제1호) 승진임용제한 18개월(군무원인사법 시행령 제40조 제1항 제2호)

※ 「군인사법」 제57조의 내용을 재정리함

감봉은 보수의 3분의 1에 해당하는 금액을 감액하는 것을 말하며, 그 기간은 1개월 이상 3개월 이하로 한다.

표 2-7 감봉 시 받는 불이익

감봉	1개월 이상 3개월 이하의 기간 동안 보수의 3분의 1 감액(군무원인사법 제39조 제4항) 호봉승급 12개월 지연(공무원보수규정 제14조 제1항 제2호) 승진임용제한 12개월(군무원인사법 시행령 제40조 제1항 제2호)

※ 「군인사법」 제57조의 내용을 재정리함

근신은 평상 근무 후 징계권자가 지정한 영내의 일정한 장소에서 비행(非行)을 반성하게 하는 것을 말하며, 그 기간은 10일 이내로 한다.

견책은 비행을 규명하여 앞으로 비행을 저지르지 아니하도록 훈계하는 것을 말한다. 일반적으로 행해지는 경고는 내부 규정에 의거하여 징계를 유예하여 처분하는 등의 방식으로 이루어진다.

표 2-8 견책 시 받는 불이익

견책	과오에 대하여 훈계하고 반성하게 함(군무원인사법 제39조 제5항) 호봉승급 6개월 지연(공무원보수규정 제14조 제1항 제4호) 승진임용제한 6개월(군무원인사법 시행령 제40조 제1항 제2호)

※ 「군인사법」 제57조의 내용을 재정리함

제2절 군인의 지위 및 복무에 관한 기본법

1. 법의 제정취지와 목적

대한민국은 군인의 기본권을 보장하기 위하여 병영생활의 기본적인 내용을 규율하고자 「군인의 지위 및 복무에 관한 기본법(이하 "군인복무기본법"이라 함)」을 제정하여 시행하고 있다. 이 법률은 2016년 6월 30일에 대통령령으로 규정하고 있던 「군인복무규율」이 군인의 기본권제한에 대한 법률의 위임없이 시행되고 있다는 문제점이 지적됨에 따라 제정된 것이다. 이 법은 국가방위와 국민의 보호를 사명으로 하는 군인의 기본권을 보장하고, 군인의 의무 및 병영생활에 대한 기본사항을 정함으로써 선진 정예 강군 육성에 이바지하는 것을 목적으로 한다(군인복무기본법 제1조).

군인복무기본법은 군 내부의 법치주의를 정착하기 위한 시도로 평가될 수 있다. 군인은 입영 또는 임관할 때에 대통령령이 정하는 바에 따라 '국가와 국민에 대한 충성', '헌법과 법규의 준수', '부여된 직책과 임무의 성실한 수행'을 선서하게 된다.

2. 적용범위

군인복무기본법은 군인, 사관생도 · 사관후보생 · 준사관후보생 및 부사관후보생, 소집되어 군에 복무하는 예비역 및 보충역, 군무원을 적용범위로 하고 있다(군인복무기본법 제3조). 국가는 군인의 기본권을 보장하기 위하여 필요한 제도를 마련하고 그 시책을 적극적으로 추진해야 하는 한편(군인복무기본법 제4조), 이를 위하여 국방부장관은 군인복무기본정책을 5년마다 수립하여야 한다(군인복무기본법 제7조). 군인복무기본법 제9조에서는 군인복무정책심의위원회를 통한 보장대책을 마련하도록 구체적으로 규정하고 있다.

3. 군인의 기본권

국군은 국민의 군대로서 국가를 방위하고 자유 민주주의를 수호하며 조국의 통일에 이바지함을 그 이념으로 한다. 국군은 대한민국의 자유와 독립을 보전하고 국토를 방위하며 국민의 생명과 재산을 보호하고 나아가 국제평화의 유지에 이바지함을 그 사명으로 한다. 군인은 명예를 존중하고 투철한 충성심, 진정한 용기, 필승의 신념, 임전무퇴의 기상과 죽음을 무릅쓰고 책임을 완수하는 숭고한 애국애족의 정신을 굳게 지녀야 하며(군인복무기본법 제5조), 군인은 대한민국 국민으로서 일반 국민과 동일하게 헌법상 보장된 권리를 가진다(군인복무기본법 제10조 제1항). 이에 따라 보장되어야 하는 기본권 규정으로는 제11조(평등대우의 원칙), 제12조(영내대기의 금지), 제13조(사생활의 비밀과 자유), 제14조(통신의 비밀보장), 제15조(종교생활의 보장), 제16조(대외발표 및 활동), 제17조(의료권의 보장), 제17조의2(미세먼지에 따른 외부활동 제한 등), 제18조(휴가 등의 보장), 제18조의2(생활여건의 보장)가 있다.

4. 군인의 사명과 의무

군인의 기본권은 그 사명과 의무에 따라 군사적 직무의 필요성 범위에서 제한될 수 있다고 규정하고 있는데(군인복무기본법 제10조 제2항), 군인의 의무 규정으로는 제19조(선서), 제20조(충성의 의무), 제21조(성실의 의무), 제22조(정직의 의무), 제23조(청렴의 의무), 제24조(명령 발령자의 의무), 제25조(명령 복종의 의무), 제26조(사적 제재 및 직권남용의 금지), 제27조(군기문란 행위 등의 금지), 제28조(비밀 엄수의 의무), 제29조(직무이탈 금지), 제30조(불온표현물 소지·전파 등의 금지), 제33조(정치 운동의 금지), 제34조(전쟁법 준수의 의무)가 있다.

5. 사고예방

부대의 인원과 재산을 보호하고 규율과 보안을 유지하며 각종 사고를 예방하고 비상사태에 대비하기 위하여 부대별로 당직근무 또는 위병근무와 같은 특별근무를 할 수 있으며(군인복무기본법 제46조 제1항), 비상소집이 발령된 때에는 지체 없이 소속 부대에 집결하여야 한다(군인복무기본법 제47조 제1항). 또한, 초병은 ① 책임구역 내 인원의 생명·신체 또는 재산을 보호함에 있어서 그 상황이 급박하여 무기를 사용하지 아니하면 보호할 방법이 없을 때, ② 국방부장관이 정하는 방법에 따라 수하하여도 이에 불응하여 대답이 없거나, 도주하거나 또는 초병에게 접근할 때, ③ 초병이 폭행을 당하거나 또는 당할 우려가 있는 경우 그 상황이 급박하여 자위상 부득이할 때에 한정하여 필요한 최소한의 범위에서 휴대하고 있는 무기를 사용할 수 있다(군인복무기본법 제48조 제1항 제1호 내지 제3호).

6. 병영생활

국방부장관은 군인의 기본권과 의무 및 기본권 침해 시 구제절차 등에 관한 교육(이하 "기본권교육"이라 한다)을 매년 4회 이상 실시하여야 하며(군인복무기본법 제38조 제1항), 병영생활 내 군인 상호 간 존중과 배려의 문화가 정착되어야 하며(군인복무기본법 제35조), 동시에 상관은 부하에게 모범을 보이며 이들을 지휘·감독하도록 규정하고 있다(군인복무기본법 제36조). 필요한 경우에는 정해진 절차에 따라 군기훈련을 하도록 지시할 수 있다(군인복무기본법 제38조의2).

7. 군인의 권리구제

군인의 권리를 구제하기 위한 제도적인 장치로는 제39조(의견 건의), 제40조(고충처리)가 있으며, 그 밖의 경우에 대처하기 위하여 제41조(전문상담관)와 제42조(군인권보호관)을 두고 있다. 군인의 권리구제과정에서 신고자의 비밀은 보장되어야 하며(군인복무기본법 제44조), 신고자에게 어떠한 불이익이 발생하지 않는 보호조치를 하도록 규정하고 있다(군인복무기본법 제45조).

제3절 군무원인사법

1. 총칙

군무원인사법은 군무원(軍務員)의 책임·직무·신분 및 근무조건의 특수성을 고려하여 그 자격·임용·복무·보수 및 신분보장 등에 관하여 「국가공무원법」에 대한 특례를 규정함을 목적으로 하며(군무원인사법 제1조), 일반군무원의 계급 및 분류는 ① 기술·연구·예비전력관리 또는 행정관리 분야에 대한 업무를 수행하는 군무원(이하 "일반군무원"이라 한다)의 계급은 1급부터 9급까지로 하고, ② 일반군무원은 직군과 직렬별로 분류하며, ③ 특수업무 분야에 종사하는 일반군무원에 대해서는 제1항에 따른 계급 구분이나 제2항에 따른 직군 및 직렬의 분류를 적용하지 아니할 수 있다. 이 경우 계급 구분이나 직군 및 직렬의 분류는 대통령령으로 정하고, ④ 제1항부터 제3항까지의 규정에 따른 각 계급의 직군 및 직렬별 명칭은 대통령령으로 정한다(군무원인사법 제3조 제1항 내지 제4항). 또한, 군무원은 군인에 준하는 대우를 하며 그 계급별 기준은 대통령령으로 정한다(군무원인사법 제4조).

군무원인사제도의 개선과 공정한 인사관리 등 인사에 관한 사항을 심의하기 위하여 국방부 또는 동법 제6조 제2항 각 호 외의 부분 단서 또는 제13조 제1항 단서에 따라 임용권이나 보직권이 위임된 경우에는 그 위임받은 사람을 장으로 하는 기관 또는 부대에 군무원인사위원회(이하 "인사위원회"라 한다)를 두며, 인사위원회의 구성·운영과 그 밖에 필요한 사항은 대통령령으로 정한다(군무원인사법 제5조 제1항 및 제2항).

2. 임용

5급 이상의 일반군무원(제3조 제3항에 따라 같은 조 제1항 및 제2항에 따른 계급 구분이나 직군 및 직렬의 분류를 적용하지 아니하는 일반군무원 중 이에 상당하다고 대통령령으로 정하는 일반군무원을 포함한다. 이하 같다)은 국방부장관의 제청으로 대통령이 임용한다. 다만, 대통령으로부터 그 권한을 위임받은 경우에는 국방부장관이 임용할 수 있다. 6급 이하의 일반군무원(제3조 제3항에 따라 같은 조 제1항 및 제2항에 따른 계급 구분이나 직군 및 직렬의 분류를 적용하지 아니하는 일반군무원 중 이에 상당하다고 대통령령으로 정하는 일반군무원을 포함한다. 이하 같다)은 국방부장관이 임용한다. 다만, 국방부장관의 위임에 따라 ① 각군 참모총장(이하 "참모총장"이라 한다), ② 국방부직할부대·기관의 장(이하 "국방부직할부대장"이라 한다), ③ 장성급(將星級) 장교인 부대·기관의 장(이하 "장성급부대장"이라 한다)을 임용권자로 할 수 있다(군무원인사법 제6조 제1항 및 제2항).

신규채용은 공개경쟁시험으로 하며, 경력 등 응시요건을 정하여 같은 사유에 해당하는 다수인을 대상으로 경쟁의 방법으로 채용하는 시험으로 군무원을 채용할 수 있다(군무원인사법 제7조 제1항 및 제2항).

군무원의 계급 간 승진은 근무성적평정, 경력평정, 그 밖의 능력의 실증(實證)에 따른다. 다만, 1급부터 3급까지의 일반군무원으로의 승진은 능력과 경력 등을 고려하여야 하며, 5급 일반군무원으로의 승진임용에 있어서는 승진시험을 거치도록 하되, 필요하다고 인정하는 경우에는 대통령령으로 정하는 바에 따라 인사위원회의 심사를 거쳐 임용할 수 있다. 직무수행에 현저한 공적이 있는 우수 군무원으로서 대통령령으로 정하는 요건에 해당하는 사람에 대하여는 제1항에도 불구하고 특별승진임용을 하거나 일반군무원 승진시험에 우선 응시하게 할 수 있다. 계급별 승진소요최저연수(昇進所要最低年數), 승진의 제한, 그 밖에 승진에 필요한 사항은 대통령령으로 정한다(군무원인사법 제15조 제1항 내지 제3항).

3. 복무 및 능률

군무원은 제16조(성실 의무), 제17조(비밀 엄수 의무), 제18조(위탁교육자 등의 복무), 제19조(군무원의 복무에 관한 위임)을 따라야 한다. 군무원은 직무를 수행할 때에 능률이 충분히 발휘되고 증진되도록 노력하여야 하고, 국방부장관은 군무원의 근무능률을 증진시키기 위하여 보건·휴양·안전·후생, 그 밖에 필요한 사항에 대한 기준을 정하여 실시하여야 한다(군무원인사법 제20조 제1항 및 제2항).

또한, 군무원은 담당 직무와 관련된 학식·기술 및 응용능력을 기르기 위하여 필요한 교육훈련을 받아야 한다(군무원인사법 제21조 제1항). 근무성적평정의 경우 대통령령으로 정하는 바에 따라 객관적이고 엄정하게 하여 인사관리에 반영하여야 하며(군무원인사법 제22조), 상훈(賞勳)에 관한 사항은 법률로 정한 것 외에는 대통령령으로 정한다(군무원인사법 제23조).

4. 보수 및 신분보장

군무원의 봉급에 관한 사항은 대통령령으로 정한다. 군무원은 봉급 외에 대통령령으로 정하는 바에 따라 수당을 받을 수 있고(군무원인사법 제24조 제1항 및 제2항), 대통령령으로 정하는 바에 따라 직무수행에 드는 실비(實費)를 변상받을 수 있다(군무원인사법 제25조).

군무원은 의사에 반한 신분조치, 즉 형의 선고나 군무원인사법 또는 「국가공무원법」에서 정한 사유에 따르지 아니하고는 본인의 의사(意思)에 반하여 휴직·직위해제·강임(降任) 또는 면직을 당하지 아니한다. 다만, 1급 군무원은 그러하지 아니하다(군무원인사법 제26조).

군무원이 제10조에 따른 결격사유에 해당하게 된 경우에는 당연히 퇴직한다. 다만, 「국가공무원법」 제33조 제5호는 「형법」 제129조부터 제132조까지 및 직무와 관련하여 같은 법 제355조 또는 제356조에 규정된 죄를 범한 사람으로서 금고 이상의 형의 선고유예를 받은 경우만 해당한다(군무원인사법 제27조).

군무원의 정년은 60세로 한다. 다만, 전시·사변 등의 국가비상 시에는 예외로 한다(군무원인사법 제31조). 정년에 도달한 사람은 다음의 구분에 따른 날에 당연히 퇴직한다. ① 정년에 해당하는 날이 1월에서 6월 사이에 있는 경우: 6월 30일, ② 정년에 해당하는 날이 7월에서 12월 사이에 있는 경우: 12월 31일로 한다(군무원인사법 제32조 제1호 및 제2호).

5. 징계

군무원에 대한 징계는 다음에 해당하는 경우에 행한다. ① 군무원인사법 및 군무원인사법에 따른 명령을 위반한 경우, ② 직무상의 의무(다른 법령에서 군무원의 신분으로 인하여 부과된 의무를 포함한다)를 위반하거나 직무를 게을리한 경우, ③ 직무 관련 유무와 상관없이 그 품위를 손상하는 행위를 한 경우, ④ 그 밖에 군율(軍律)을 위반한 경우로 한다(군무원인사법 제37조 제1호 내지 제4호).

군무원에 대한 징계권자에 관하여는 「군인사법」 제58조 제1항을 준용하되, 군인과의 계급 대비(對比)는 제4조에 따른다. 징계권자가 징계를 하려면 제39조의2 제1항에 따른 군무원징계위원회의 심의를 거쳐야 하고, 파면·해임·강등 또는 정직 처분을 하려면 임용권자의 승인을 받아야 하며, 징계권자가 징계처분 및 징계부가금 부과처분(이하 "징계처분 등"이라 한다)을 한 때에는 대통령령으로 정하는 바에 따라 해당 군무원에게 알려야 한다(군무원인사법 제38조 제1항 내지 제3항).

군무원의 징계는 파면, 해임, 강등, 정직, 감봉 및 견책으로 구분한다. 다만, 제45조 제1항에 따른 임기제일반군무원의 경우에는 강등은 제외한다. 강등은 해당 계급에서 1계급을 내리고, 강등처분을 받은 사람은 군무원의 신분은 보유하나 3개월 동안 직무에 종사할 수 없으며, 그 기간 중 보수는 전액을 삭감한다. 정직은 1개월 이상 3개월 이하의 기간으로 하고, 정직처분을 받은 사람은 그 기간 중 군무원의 신분은 보유하나 직무에 종사할 수 없으며, 그 기간 중 보수는 전액을 삭감한다. 감봉은 1개월 이상 3개월 이하의 기간 동안 보수의 3분의 1에 해당하는 금액을 감액한다. 견책은 과오(過誤)에 관하여 훈계하고 반성하게 한다(군무원인사법 제39조 제1항 내지 제5항).

군무원의 징계 등은 군무원징계위원회에서 진행하며, 제39조의2(군무원징계위원회), 제40조(징계의 절차 등), 제41조(징계 및 징계부가금 부과 사유의 시효), 제42조(항고), 제43조(군무원항고심사위원회) 등을 규정하고 있다(군무원인사법 제42조 및 제43조).

제4절 군인보수법

1. 법의 목적과 적용범위

군인보수법은 군인의 보수에 관한 사항을 규정함을 목적으로 한다(군인보수법 제1조). 군인보수법은 현역이나 소집되어 복무하는 군인(병력동원훈련소집 및 군사교육소집된 자는 제외한다) 및 입영훈련 중인 학군사관후보생(「병역법」 제57조 제2항에 따른 학생군사교육단 사관후보생을 말한다. 이하 같다)에게 적용한다. 군인은 군인보수법에 따른 보수 외에 금전이나 물품 등에 의한 어떠한 보수도 지급받거나 요구하여서는 아니 된다(군인보수법 제2조 제1항 및 제2항).

2. 보수

보수는 기본급여와 특별급여로 구분한다. “기본급여”란 군복무에 대한 대가로 지급되는 봉급과 가족수당[2] 및 주택수당[3]에 따른 급여를, “특별급여”란 특수한 근무에 대하여 지급되거나 사기를 높이기 위하여 지급되는 특수근무수당,[4] 전투근무수당[5] 및 상여금 및 그 밖의 수당[6]에 따른 급여를 말한다.

호봉의 구분 및 승급에 있어 계급별 승급(昇給)의 구분(이하 “호봉”이라 한다)과 그 기준은 복무기간에 따라 별표 2에 따르며, 상위계급으로 진급한 자의 호봉 책정은 별표 2에 따른다. 다만, 그 봉급액이 진급하기 전의 봉급액보다 적을 경우에는 별표 2의 복무기간에도 불구하고 진급하기 전의 봉급액에 가장 가까운 다액(多

---

2) 군인보수법 제13조(가족수당) ① 장교·준사관 및 부사관으로서 부양가족이 있는 경우에는 가족수당을 지급한다.
② 제1항에 따른 가족수당의 지급범위, 지급액, 지급절차, 그 밖에 필요한 사항은 대통령령으로 정한다.

3) 군인보수법 제14조(주택수당) 부대 밖에 거주하는 자에게는 대통령령으로 정하는 바에 따라 주택수당을 지급할 수 있다.

4) 군인보수법 제16조(특수근무수당) 대통령령으로 정하는 바에 따라 업무수행상 생명의 직접적인 위험이 따르는 업무에 종사하는 자, 특수기술자, 특수한 지역에 근무하는 자, 항공기 및 함정에 근무하는 자, 그 밖에 특수한 훈련 등에 종사하는 자에게는 특수근무수당을 지급한다.

5) 군인보수법 제17조(전투근무수당) 전시·사변 또는 이에 준하는 국가비상사태시 전투에 종사하는 자에게는 대통령령으로 정하는 바에 따라 전투근무수당을 지급한다.

6) 군인보수법 제17조의2(상여금 및 그 밖의 수당) 군인의 사기를 높이기 위하여 필요한 경우에는 대통령령으로 정하는 바에 따라 상여금(賞與金)과 그 밖의 수당을 지급한다.

額)의 호봉을 부여한다(군인보수법 제8조 제1항 및 제2항).

복무기간의 계산이 예외적으로 적용되는 경우에는 반액 지급의 경우,[7] 봉급의 선급,[8] 가족수당,[9] 주택수당[10] 등이 있다.

3. 보칙

장교후보생 등의 보수의 경우 사관생도, 사관후보생 및 입영훈련 중인 학군사관후보생 등 장교후보생과 부사관후보생의 보수에 관하여는 대통령령으로 정한다. 준사관이나 부사관으로서 장교후보생으로 임명된 자에게는 그 훈련기간 중에만 장교후보생으로 임명되기 전의 보수액에 해당하는 금액을 지급한다(군인보수법 제20조 제1항 및 제2항).

전역·퇴역·제적자에 대한 연금 지급의 경우 전역하거나 퇴역하는 자와 성실히 군에 복무하고 제적되는 자에게는 따로 법률로 정하는 바에 따라 연금을 지급한다(군인보수법 제21조). 각 군 참모총장은 보수를 신속하고 정확하게 지급하여야 한다(군인보수법 제22조).

---

7) 군인보수법 제12조(반액 지급의 경우) 전상(戰傷)이나 공상(公傷) 외의 사유로 심신장애가 생겨 6일을 초과하여 근무하지 못한 자와 개인적인 일로 30일을 초과하여 근무하지 못한 자는 다른 법령에 특별히 규정된 경우 외에는 그 봉급의 반액을 지급한다.

8) 군인보수법 제12조의2(봉급의 선급) 전시·사변 또는 이에 준하는 국가비상사태시 전투에 종사하는 자에게는 대통령령으로 정하는 바에 따라 3개월 분의 범위에서 봉급을 미리 지급할 수 있다.

9) 군인보수법 제13조(가족수당) ① 장교·준사관 및 부사관으로서 부양가족이 있는 경우에는 가족수당을 지급한다.
② 제1항에 따른 가족수당의 지급범위, 지급액, 지급절차, 그 밖에 필요한 사항은 대통령령으로 정한다.

10) 군인보수법 제14조(주택수당) 부대 밖에 거주하는 자에게는 대통령령으로 정하는 바에 따라 주택수당을 지급할 수 있다.

제5절 군인연금법

1. 법의 목적과 적용범위

군인연금법은 군인이 상당한 기간을 성실히 복무하고 퇴직하거나 사망한 경우에 본인이나 그 유족에게 적절한 급여를 지급함으로써 본인 및 그 유족의 생활 안정과 복리 향상에 이바지함을 목적으로 한다(군인연금법 제1조). 군인연금법은 부사관 이상의 현역 군인에게 적용한다. 다만, 지원에 의하지 아니하고 임용된 부사관은 제외한다(군인연금법 제2조).

2. 용어의 정리

군인연금법에서 사용하는 용어의 뜻은 다음과 같다.

<table>
<tr><td>용어</td><td>1. "기준소득월액"이란 기여금 및 급여 산정의 기준이 되는 것으로서 일정 기간 복무하고 얻은 소득 중 과세소득의 연지급합계액을 12개월로 평균한 금액을 말한다. 이 경우 기준소득월액에 포함하는 과세소득의 범위, 기준소득월액의 결정방법 및 적용기간 등에 관한 사항은 대통령령으로 정한다.
2. "평균기준소득월액"이란 복무기간 중 매년 기준소득월액을 군인보수인상률 등을 고려하여 대통령령으로 정하는 바에 따라 급여의 사유가 발생한 날(퇴직으로 급여의 사유가 발생하거나 퇴직 후에 급여의 사유가 발생한 경우에는 퇴직한 날의 전날을 말한다. 이하 같다)의 현재가치로 환산한 후 합한 금액을 복무기간으로 나눈 금액을 말한다.
3. "퇴직"이란 전역(轉役), 퇴역(退役) 및 제적(除籍)의 경우를 말한다.
4. "유족"이란 군인 또는 군인이었던 사람의 사망 당시 그가 부양하고 있던 다음 각 목의 어느 하나에 해당하는 사람을 말한다.
가. 배우자(사실상 혼인관계에 있던 사람을 포함하며, 퇴직 후 61세 이후에 혼인한 배우자는 제외한다. 다만, 군 복무 당시 혼인관계에 있던 사람은 그러하지 아니하다. 이하 같다)
나. 자녀(퇴직 후 61세 이후에 출생하거나 입양한 자녀는 제외하되, 퇴직 후 60세 당시의 태아는 복무 중 출생한 자녀로 본다. 이하 같다)
다. 부모(퇴직일 이후에 입양된 경우의 부모는 제외한다)
라. 손자녀(퇴직 후 61세 이후에 출생하거나 입양한 손자녀는 제외하되, 퇴직 후 60세 당시의 태아는 복무 중 출생한 손자녀로 본다. 이하 같다)
마. 조부모(퇴직일 이후에 입양된 경우의 조부모는 제외한다)
5. "기여금"이란 급여에 드는 비용으로서 제42조에 따라 군인이 부담하는 금액을 말한다.
6. "부담금"이란 급여에 드는 비용으로서 국가가 부담하는 금액을 말한다.</td></tr>
</table>

※ 「군인연금법」 제3조 제1항의 내용을 재정리함

표 2-9 유족의 범위

군인연금 수급대상자	"유족"이란 군인 또는 군인이었던 사람의 사망 당시 그가 부양하고 있던 다음 각 목의 어느 하나에 해당하는 사람을 말한다. 가. 배우자(사실상 혼인관계에 있던 사람을 포함하며, 퇴직 후 61세 이후에 혼인한 배우자는 제외한다. 다만, 군 복무 당시 혼인관계에 있던 사람은 그러하지 아니하다. 이하 같다) 나. 자녀(퇴직 후 61세 이후에 출생하거나 입양한 자녀는 제외하되, 퇴직 후 60세 당시의 태아는 복무 중 출생한 자녀로 본다. 이하 같다) 다. 부모(퇴직일 이후에 입양된 경우의 부모는 제외한다) 라. 손자녀(퇴직 후 61세 이후에 출생하거나 입양한 손자녀는 제외하되, 퇴직 후 60세 당시의 태아는 복무 중 출생한 손자녀로 본다. 이하 같다) 마. 조부모(퇴직일 이후에 입양된 경우의 조부모는 제외한다)

※ 「군인연금법」 제3조 제1항 제4호의 내용을 재정리함

군인연금법 제1항 제4호 나목의 자녀는 25세 미만인 자녀와 「군인 재해보상법」 제27조 제1항에 따른 상이연금의 등급(이하 "상이등급"이라 한다)에 해당하는 장해(같은 법 제3조 제4호에 따른 장해를 말한다. 이하 같다)가 있는 25세 이상인 자녀로 한정한다. 제1항 제4호 라목의 손자녀는 아버지가 없거나 아버지가 상이등급에 해당하는 장해가 있는 경우로서 ① 25세 미만인 손자녀, ② 상이등급에 해당하는 장해가 있는 25세 이상인 손자녀에 해당하는 손자녀로 한정한다. 끝으로 군인 또는 군인이었던 사람의 사망 당시의 태아는 군인연금법에 따른 급여를 지급할 때에 이미 출생한 것으로 본다(군인연금법 제3조 제2항 내지 제4항).

3. 복무기간

군인의 복무기간은 그 임용된 날이 속하는 달부터 퇴직한 날의 전날 또는 사망한 날이 속하는 달까지의 연월수(年月數)로 계산한다. 부사관(지원에 의하지 아니하고 임용된 부사관은 제외한다)에서 준사관 또는 장교로 임용된 사람 및 준사관에서 장교로 임용된 사람의 복무기간은 상호 합산하되, 준사관 또는 부사관(지원에 의하지 아니하고 임용된 부사관은 제외한다)으로 복무 중에 군간부후보생에 지원한 경우에는 군간부후보생 기간을 포함한다. 전투에 참가한 기간은 3배로 계산한다.

군인연금법의 적용을 받는 군인으로 임용되기 전의 「병역법」에 따른 현역병 또는 지원에 의하지 아니하고 임용된 부사관의 복무기간(방위소집·상근예비역소집 또

는 보충역소집에 따라 복무한 기간 중 대통령령으로 정하는 복무기간을 포함한다)은 본인이 원하는 바에 따라 제1항의 복무기간에 산입(算入)할 수 있다. 이 경우 복무기간을 산입하려는 사람은 복무기간 산입신청서를 국방부장관에게 제출하여야 한다(군인연금법 제5조 제1항 내지 제4항).

퇴직한 군인·공무원 또는 사립학교교직원(군인연금법, 「공무원연금법」 또는 「사립학교교직원 연금법」의 적용을 받지 아니하였던 사람은 제외한다)이 군인으로 복무하게 된 경우에는 본인이 원하는 바에 따라 종전의 해당 연금법에 따른 복무기간 또는 재직기간을 제1항의 복무기간에 합산할 수 있다. 복무기간을 계산할 때 19년 6개월 이상 20년 미만으로 복무한 사람의 복무기간은 20년으로 한다. 복무기간의 계산은 정부수립연도 이전으로 소급하지 못한다(군인연금법 제5조 제5항 내지 제7항).

예외적으로 제3항 및 제6항에 따라 가산(加算)된 기간 또는 제4항 및 제5항에 따른 복무기간은 제37조에 따른 퇴직수당(이하 "퇴직수당"이라 한다)을 지급할 때에는 제1항의 복무기간에 합산하거나 산입하지 아니한다. 퇴직수당 지급과 관련하여 복무기간을 계산할 때에는 ① 공무상 부상 또는 질병으로 인한 휴직, ② 국제기구, 외국기관, 국내외 대학 또는 국내외 연구기관에 임시채용됨으로 인한 휴직, ③ 자녀의 양육 또는 여성군인의 임신이나 출산으로 인한 휴직, ④ 그 밖에 법률에 따른 의무를 수행하기 위한 휴직을 제외한 휴직기간, 직위해제기간 및 정직기간은 그 기간의 2분의 1을 각각 뺀다(군인연금법 제5조 제8항 및 제9항).

4. 급여

군인연금법 제7조에 따른 급여는 그 급여를 받을 권리를 가진 사람의 청구에 따라 국방부장관이 결정하여 지급하며(군인연금법 제8조), 급여액 산정의 기초는 ① 퇴역연금 및 제30조에 따른 퇴역유족연금(이하 "퇴역유족연금"이라 한다): 평균기준소득월액을 기초로 산정. 이 경우 평균기준소득월액 산정의 기초가 되는 기준소득월액은 「공무원연금법」 제30조 제3항에 따라 산정되는 공무원 전체의 기준소득월액 평균액(이하 "공무원 전체의 기준소득월액 평균액"이라 한다)의 180퍼센트를 초과할 수 없고, ② 제1호에 따른 급여 외에 급여: 해당 급여의 사유가 발생한 날이 속하는 달의 기준소득월액을 기초로 산정한다(군인연금법 제9조).

표 2-10 급여의 종류

급여	1. 퇴직급여 가. 퇴역연금 나. 퇴역연금일시금 다. 퇴역연금공제일시금 라. 퇴직일시금 2. 퇴직유족급여 가. 퇴역유족연금 나. 퇴역유족연금부가금 다. 퇴역유족연금특별부가금 라. 퇴역유족연금일시금 마. 퇴직유족일시금 3. 퇴직수당

※ 「군인연금법」 제7조의 내용을 재정리함

5. 퇴직급여 및 퇴직유족급여

군인이 20년 이상 복무하고 퇴직한 경우에는 그때부터 사망할 때까지 퇴역연금을 지급한다. 다만, 본인이 원하는 경우에는 퇴역연금을 갈음하여 퇴역연금일시금을 지급하거나, 20년(퇴역연금·퇴직연금 또는 조기퇴직연금을 받던 사람이 제5조 및 제6조에 따른 복무기간 합산을 받은 경우에는 그 합산받은 복무기간을 포함한다)을 초과하는 복무기간 중 본인이 원하는 기간에 대해서는 그 기간에 해당하는 퇴역연금을 갈음하여 퇴역연금공제일시금을 지급할 수 있다(군인연금법 제21조 제1항).

퇴역연금의 금액은 복무기간(퇴역연금공제일시금을 지급받는 경우에는 복무기간에서 퇴역연금공제일시금 지급 계산에 산입된 복무기간을 공제하고 남은 복무기간을 말한다) 매 1년(1년 미만의 기간은 1개월을 12분의 1년으로 계산한다. 이하 같다)에 대하여 평균기준소득월액의 1.9퍼센트에 해당하는 금액으로 한다. 이 경우 퇴역연금의 금액은 평균기준소득월액의 62.7퍼센트를 초과하지 못한다. 퇴역연금일시금은 다음의 계산식에 따라 산출한다. 이 경우 복무연수에서 1년 미만의 기간은 1개월을 12분의 1년으로 계산하고, 33년이 넘은 기간은 33년으로 한다(군인연금법 제21조 제2항 및 제3항).

퇴역연금을 받을 권리가 있는 사람이 사망한 경우에는 그 유족에게 퇴역유족연금을 지급한다. 퇴역유족연금의 금액은 군인 또는 군인이었던 사람이 받을 수 있는 퇴역연금액의 60퍼센트로 한다. 제2항에도 불구하고 유족 중 제3조 제2항 또는 제3항에 해당하는 사람(그 사람을 부양하고 있는 제3조 제1항 제4호 가목에 따른 군인 또는 군인이었던 사람의 배우자를 포함한다)에게는 군인 또는 군인이었던 사람이 받을 수 있는 퇴역연금액의 70퍼센트를 지급한다(군인연금법 제30조 제1항 내지 제3항). 퇴역연금공제일시금은 다음의 계산식에 따라 산출한다. 이 경우 공제복무연수는 퇴직하는 군인이 퇴역연금공제일시금 계산에 산입할 것을 원하는 복무연수로 하며, 1년 미만의 기간은 1개월을 12분의 1년으로 계산하고, 13년을 초과하지 못한다(군인연금법 제21조 제4항).

6. 퇴직수당

군인이 1년 이상 복무하고 퇴직하거나 사망한 경우에는 퇴직수당을 지급한다. 퇴직수당은 다음의 계산식에 따라 산출하며, 퇴직수당의 지급에 관하여는 제29조를 준용한다(군인연금법 제37조 제1항 내지 제3항).

[복무기간 × 기준소득월액 × 대통령령으로 정하는 비율]

7. 비용 부담

퇴직급여 및 퇴직유족급여에 드는 비용은 군인과 국가가 부담한다. 이 경우 급여에 드는 비용은 적어도 5년마다 다시 계산하여 재정적 균형이 유지되도록 하여야 한다. 퇴직수당 지급에 드는 비용은 국가가 부담한다. 군인연금법 제5조 제3항에 따라 드는 비용은 국가가 부담한다. 연금 업무처리에 드는 비용은 국가가 부담한다(군인연금법 제41조 제1항 내지 제3항).

군인연금법 제41조 제1항에 따라 국가가 부담하는 금액은 대통령령으로 정하는 매 회계연도 보수예산의 7퍼센트로 하며, 그 납부 방법 및 절차는 대통령령으로 정한다(군인연금법 제44조).

군인연금법에 따른 급여에 드는 비용을 기여금 및 부담금으로 충당할 수 없는 경우에는 그 부족한 금액을 국가에서 부담한다(군인연금법 제45조).

8. 군인연금기금

군인연금법에 따른 군인연금제도의 운영에 필요한 재원(財源)에 충당하기 위하여 군인연금기금(이하 “기금”이라 한다)을 설치한다. 기금은 군인연금법에 따른 기여금·부담금·보전금·책임준비금, 기금운용수익금, 다른 기금 또는 회계로부터의 차입금·전입금과 그 밖의 수입으로 조성한다(군인연금법 제47조 제1항 및 제2항).

책임준비금의 적립에 있어 국가는 군인연금재정의 안정을 위하여 예산의 범위에서 책임준비금을 기금에 적립하여야 하며, 매 회계연도에 기금의 결산상 잉여금이 있을 때에는 이를 책임준비금으로 적립한다. 군인연금법에 따른 급여의 지급과 관련하여 ① 국가 예산이 부족하게 배정되었을 때, ② 전역자 또는 퇴직연금일시금 청구자의 수가 처음 예산을 편성할 때의 예상인원을 초과하였을 때, ③ 그 밖에 대통령령으로 정하는 예상하지 못한 사유가 발생하였을 때에는 책임준비금을 사용할 수 있다(군인연금법 제48조 제1항 내지 제3항).

군인연금기금의 관리 및 운영에 있어서 기금은 국방부장관이 관리·운용하며, 기금은 다음에 해당하는 방법으로 운용하되, 그 수익을 최대한으로 확보하여야 한다. ① 군인의 복리증진을 위한 재산의 취득·처분 또는 복지사업의 경영, ② 금융회사등에의 예입 또는 재정자금에의 예탁, ③ 국가, 지방자치단체 또는 금융회사등이 발행하거나 채무이행을 보증한 유가증권의 매입, ④ 그 밖에 대통령령으로 정하는 기금증식을 위한 사업을 말하며(군인연금법 제49조 제1항 및 제2항), 기금의 용도는 ① 군인연금법에 따른 급여금·환급금의 지급 및 기여금의 반환, ② 「군인재해보상법」에 따른 급여금의 지급, ③ 차입금의 상환과 그 이자의 지급, ④ 그 밖에 군인연금제도의 운영에 필요한 경비로 사용이 가능하다(군인연금법 제50조).

병역 및 병무 관련 법률

제1절 병역법

1. 목적 및 개요

병역법은 대한민국 국민의 병역의무에 관하여 규정함을 목적으로 한다(병역법 제1조). 주된 내용은 제1장 총칙, 제2장 병역준비역 편입, 제3장 병역판정검사, 제4장 현역병 등의 복무, 제5장 보충역의 복무, 제6장 병력동원소집 등 의무부과, 제7장 학생군사교육 및 의무장교 등의 병적 편입, 제8장 병역의무의 연기 및 감면, 제9장 병역의무자의 거주지이동 및 국외여행, 제10장 병역의무의 종료, 제11장 병역의무 이행자 등에 대한 권익보장, 제12장 병무행정, 제13장 전시특례, 제14장 벌칙으로 구성되어 있다.

2. 용어의 정리

병역법에서 사용되는 용어의 뜻은 다음과 같다.

용어	1. "징집"이란 국가가 병역의무자에게 현역(現役)에 복무할 의무를 부과하는 것을 말한다. 2. "소집"이란 국가가 병역의무자 또는 지원에 의한 병역복무자(제3조 제1항 후단에 따라 지원에 의하여 현역에 복무한 여성을 말한다) 중 예비역(豫備

役), 보충역(補充役), 전시근로역 또는 대체역에 대하여 현역 복무 외의 군복무(軍服務)의무 또는 공익 분야에서의 복무의무를 부과하는 것을 말한다.

3. "입영"이란 병역의무자가 징집(徵集)·소집(召集) 또는 지원(志願)에 의하여 군부대에 들어가는 것을 말한다.
4. "군간부후보생"이란 장교·준사관·부사관의 병적 편입을 위하여 군사교육기관 또는 수련기관 등에서 교육이나 수련 등을 받고 있는 사람을 말한다.
5. "고용주"란 「근로기준법」의 적용을 받는 공·사 기업체나 공·사 단체의 장으로서 병역의무자를 고용하고 있는 자를 말한다.
6. 병역판정검사전문의사"란 의사 또는 치과의사 자격을 가진 사람으로서 「국가공무원법」에 따라 대통령령으로 정하는 일반직공무원으로 채용되어 신체검사업무 등에 복무하는 사람을 말한다.
7. 전환복무"란 현역병으로 복무 중인 사람이 의무경찰대원 또는 의무소방원의 임무에 복무하도록 군인으로서의 신분을 다른 신분으로 전환하는 것을 말한다.
8. 상근예비역"이란 징집에 의하여 현역병으로 입영(入營)한 사람이 일정기간을 현역병으로 복무하고 예비역에 편입된 후 지역방위(地域防衛)와 이와 관련된 업무를 지원하기 위하여 소집되어 복무하는 사람을 말한다.
9. 승선근무예비역"이란 「선박직원법」 제4조 제2항 제1호 및 제2호에 따른 항해사 또는 기관사로서 「비상대비에 관한 법률」 또는 「비상사태등에 대비하기 위한 해운 및 항만 기능 유지에 관한 법률」에 따라 전시·사변 또는 이에 준하는 비상시에 국민경제에 긴요한 물자와 군수물자를 수송하기 위한 업무 또는 이와 관련된 업무의 지원을 위하여 소집되어 승선근무하는 사람을 말한다.
10. 사회복무요원"(社會服務要員)이란 다음 각 목의 기관 등의 공익목적 수행에 필요한 사회복지, 보건·의료, 교육·문화, 환경·안전 등의 사회서비스업무 및 행정업무 등의 지원을 위하여 소집되어 공익 분야에 복무하는 사람을 말한다.
    가. 국가기관
    나. 지방자치단체
    다. 공공단체(公共團體)
    라. 「사회복지사업법」 제2조에 따라 설치된 사회복지시설(이하 "사회복지시설"이라 한다)

10의3. "예술·체육요원"이란 예술·체육 분야의 특기를 가진 사람으로서 제33조의7에 따라 편입되어 문화창달과 국위선양을 위한 예술·체육 분야의 업무에 복무하는 사람을 말한다.

11. "공중보건의사"란 의사·치과의사 또는 한의사 자격을 가진 사람으로서 「농어촌 등 보건의료를 위한 특별조치법」에서 정하는 바에 따라 공중보건업무에 복무하는 사람을 말한다.
13. "공익법무관"이란 변호사 자격을 가진 사람으로서 「공익법무관에 관한 법률」에서 정하는 바에 따라 법률구조업무 또는 국가·지방자치단체의 공공목적의 업무수행에 필요한 법률사무에 복무하는 사람을 말한다.
14. "병역판정검사전담의사"란 의사 또는 치과의사 자격을 가진 사람으로서

제34조에 따라 병역판정검사전담의사로 편입되어 신체검사업무 등에 복무하는 사람을 말한다.

15. "공중방역수의사"란 수의사 자격을 가진 사람으로서 「공중방역수의사에 관한 법률」에서 정하는 바에 따라 가축방역업무에 복무하는 사람을 말한다.

16. "전문연구요원"이란 학문과 기술의 연구를 위하여 제36조에 따라 전문연구요원(專門硏究要員)으로 편입되어 해당 전문 분야의 연구업무에 복무하는 사람을 말한다.

17. "산업기능요원"이란 산업을 육성하고 지원하기 위하여 제36조에 따라 산업기능요원(産業技能要員)으로 편입되어 해당 분야에 복무하는 사람을 말한다.

17의2. "대체복무요원"이란 대체역으로 편입된 사람으로서 「대체역의 편입 및 복무 등에 관한 법률」에 따른 대체복무기관에 소집되어 공익 분야에 복무하는 사람을 말한다.

18. "병역지정업체"란 전문연구요원이나 산업기능요원이 복무할 업체로서 다음 각 목의 업체를 말한다.
    가. 제36조에 따라 병무청장이 선정한 연구기관, 기간산업체 및 방위산업체
    나. 「농어업경영체 육성 및 지원에 관한 법률」 제19조에 따른 농업회사법인(이하 "농업회사법인"이라 한다)
    다. 「농업기계화 촉진법」 제11조 제2항에 따른 농업기계의 사후관리업체(이하 "사후관리업체"라 한다).

19. "공공단체"란 공익목적을 수행하기 위하여 법률에 따라 설치된 법인 또는 단체로서 대통령령으로 정하는 법인 또는 단체를 말한다.

※ 「병역법」 제2조 제1항의 내용을 재정리함

이 법에서 병역의무의 이행시기를 연령으로 표시한 경우 "○○세부터"란 그 연령이 되는 해의 1월 1일부터를, "○○세까지"란 그 연령이 되는 해의 12월 31일까지를 말한다.

3. 병역의무와 병역의 종류

대한민국 국민인 남성은 「대한민국헌법」과 병역법에서 정하는 바에 따라 병역의무를 성실히 수행하여야 한다. 여성은 지원에 의하여 현역 및 예비역으로만 복무할 수 있다. 병역법에 따르지 아니하고는 병역의무에 대한 특례(特例)를 규정할 수 없다. 제1항에 따른 병역의무 및 지원은 인종, 피부색 등을 이유로 차별하여서는 아니 된다. 병역의무자로서 6년 이상의 징역 또는 금고의 형(刑)을 선고받은 사람은 병역에 복무할 수 없으며 병적(兵籍)에서 제적된다(병역법 제3조 제1항 내지 제4항).

병역의 종류에 대해서는 제5조에서 규정하고 있으며 자세한 내용은 다음과 같다.

표 2-11 병역의 종류

내용	1. 현역: 다음 각 목의 어느 하나에 해당하는 사람 가. 징집이나 지원에 의하여 입영한 병(兵) 나. 이 법 또는 「군인사법」에 따라 현역으로 임용 또는 선발된 장교(將校)·준사관(準士官)·부사관(副士官) 및 군간부후보생 2. 예비역: 다음 각 목의 어느 하나에 해당하는 사람 가. 현역을 마친 사람 나. 그 밖에 이 법에 따라 예비역에 편입된 사람 3. 보충역: 다음 각 목의 어느 하나에 해당하는 사람 가. 병역판정검사 결과 현역 복무를 할 수 있다고 판정된 사람 중에서 병력수급(兵力需給) 사정에 의하여 현역병입영 대상자로 결정되지 아니한 사람 나. 다음의 어느 하나에 해당하는 사람으로 복무하고 있거나 그 복무를 마친 사람 1) 사회복무요원 2) 삭제 <2016. 1. 19.> 3) 예술·체육요원 4) 공중보건의사 5) 병역판정검사전담의사 6) 삭제 <2016. 1. 19.> 7) 공익법무관 8) 공중방역수의사 9) 전문연구요원 10) 산업기능요원 다. 그 밖에 이 법에 따라 보충역에 편입된 사람 4. 병역준비역: 병역의무자로서 현역, 예비역, 보충역, 전시근로역 및 대체역이 아닌 사람 5. 전시근로역: 다음 각 목의 어느 하나에 해당하는 사람 가. 병역판정검사 또는 신체검사 결과 현역 또는 보충역 복무는 할 수 없으나 전시근로소집에 의한 군사지원업무는 감당할 수 있다고 결정된 사람 나. 그 밖에 이 법에 따라 전시근로역에 편입된 사람 6. 대체역: 병역의무자 중 「대한민국헌법」이 보장하는 양심의 자유를 이유로 현역, 보충역 또는 예비역의 복무를 대신하여 병역을 이행하고 있거나 이행할 의무가 있는 사람으로서 「대체역의 편입 및 복무 등에 관한 법률」에 따라 대체역에 편입된 사람

※ 「병역법」 제5조의 내용을 재정리함

4. 병역판정검사

지방병무청장은 매년 다음 해에 제11조에 따른 병역판정검사를 받아야 할 사람을 조사하고, 병적 데이터베이스를 작성하여 병역판정검사를 받게 하여야 한다. 주민등록의 기재 내용이 명백하게 잘못된 사람 또는 주민등록이 정정(訂正)된 사람으로서 병역판정검사를 받아야 할 사람에 대하여도 또한 같다. 제1항에 따른 병역판정검사 대상자의 조사 및 병적 데이터베이스의 작성·관리에 필요한 사항은 병무청장이 정한다(병역법 제10조 제1항 및 제2항).

병역판정검사에 있어 병역의무자는 19세가 되는 해에 병역을 감당할 수 있는지를 판정받기 위하여 지방병무청장이 지정하는 일시(日時)·장소에서 병역판정검사를 받아야 한다. 다만, 군(軍)에서 필요로 하는 인원과 병역자원의 수급(需給) 상황 등을 고려하여 19세가 되는 사람 중 일부를 20세가 되는 해에 병역판정검사를 받게 할 수 있다. 병역판정검사를 받아야 하는데 받지 아니한 사람과 병역판정검사가 연기(延期)된 후 그 연기사유가 소멸된 사람은 그 해 또는 그 다음 해에 병역판정검사를 받아야 한다. 병역판정검사는 신체검사와 심리검사로 구분한다. 제3항에 따른 신체검사는 외과·내과 등 신체의 모든 부위를 검사하여야 하며, 필요한 경우에는 임상병리검사와 방사선촬영 등을 할 수 있다. 이 경우 질병 또는 심신장애의 정도를 확인하기 곤란한 경우에는 대통령령으로 정하는 바에 따라 「의료법」에 따른 의료기관에 검사를 위탁할 수 있다(병역법 제11조 제1항 내지 제3항).

제3항에 따른 심리검사는 언행관찰·면담 또는 서면검사 등을 통하여 개인의 정서, 성격 등을 평가하여야 하며, 필요한 경우에는 정신적, 심리적 상태 등을 구체적으로 확인하기 위한 정밀심리검사를 실시할 수 있다. 다만, 질병 또는 심신장애의 정도를 확인하기 곤란한 경우에는 대통령령으로 정하는 바에 따라 「의료법」에 따른 의료기관에 검사를 위탁할 수 있다. 병역판정검사를 받지 아니한 사람이 제20조 제1항에 따라 병무청장이 실시하는 현역병지원 신체검사(이하 "현역병지원 신체검사"라 한다)를 받은 경우에는 제1항에 따른 병역판정검사를 받은 것으로 본다. 다만, 18세인 사람은 제12조 제1항에 따른 신체등급의 판정결과가 5급이나 6급인 경우에만 해당한다(병역법 제11조 제4항 내지 제6항).

5. 신체등급의 판정 및 병역처분

신체검사(현역병지원 신체검사를 포함한다)를 한 병역판정검사전담의사, 병역판정검사전문의사 또는 제12조의2에 따른 군의관은 ① 신체 및 심리상태가 건강하여 현역 또는 보충역 복무를 할 수 있는 사람: 신체 및 심리상태의 정도에 따라 1급·2급·3급 또는 4급, ② 현역 또는 보충역 복무를 할 수 없으나 전시근로역 복무를 할 수 있는 사람: 5급, ③ 질병이나 심신장애로 병역을 감당할 수 없는 사람: 6급, ④ 질병이나 심신장애로 제1호부터 제3호까지의 판정이 어려운 사람: 7급과 같이 신체등급을 판정한다(병역법 제12조 제1항).

지방병무청장은 병역판정검사를 받은 사람(군병원에서 신체검사를 받은 사람을 포함한다) 또는 현역병지원 신체검사를 받은 사람에 대하여 ① 신체등급이 1급부터 4급까지인 사람: 학력·연령 등 자질을 고려하여 현역병입영 대상자, 보충역 또는 전시근로역, ② 신체등급이 5급인 사람: 전시근로역, ③ 신체등급이 6급인 사람: 병역면제, ④ 신체등급이 7급인 사람: 재신체검사(再身體檢査)과 같이 병역처분을 한다. 이 경우 현역병지원 신체검사를 받은 18세인 사람에 대하여는 신체등급 5급 또는 6급의 판정을 받은 경우에만 병역처분을 한다.

제1항 제4호에 따라 재신체검사의 처분을 받은 사람으로서 제12조 제3항에 따라 다시 신체검사를 받고도 신체등급이 7급으로 판정된 사람은 대통령령으로 정하는 바에 따라 전시근로역으로 처분한다. 다만, 제65조 제1항 제2호 및 제3호의 전시근로역 편입에 해당하는 사람의 경우에는 다시 신체검사를 하지 아니하고 전시근로역에 편입할 수 있다. 제1항 제1호에 규정된 사람 중 현역병입영 대상자 또는 보충역처분의 기준은 병무청장이 정한다. 병무청장은 병역자원(兵役資源)의 수급(需給), 입영계획(入營計劃)의 변경 등에 따라 필요한 경우에는 제1항 제1호에 따라 처분된 사람 중 현역병입영 대상자를 보충역으로 병역처분을 변경할 수 있다(병역법 제14조 제1항 내지 제4항).

6. 현역병 등의 복무

지방병무청장은 병역판정검사 결과 현역병입영 대상자로 처분된 사람에 대하여 시(구가 설치되지 아니한 시를 말한다. 이하 같다)·군·구별로 징집순서를 정한다. 제1항에 따른 징집순서 결정의 기준은 신체등급·학력·연령 등 자질을 고려하여 병무청장이 정한다(병역법 제15조 제1항 및 제2항).

병무청장 또는 지방병무청장은 현역병 징집순서가 결정된 사람에 대하여는 병역판정검사를 받은 해 또는 그 다음 해에 입영하게 하되, 입영시기를 정하는 경우에는 군(軍)별·적성별로 입영할 사람 간에 자질의 균형이 유지되도록 하여야 한다. 병무청장 또는 지방병무청장은 현역병입영이 연기된 사람으로서 그 사유가 소멸되는 사람 등 대통령령[1])으로 정하는 사람에 대하여는 제1항에도 불구하고 따로 입영하게 할 수 있다. 현역병입영 대상자로 처분되어 징집순서가 결정된 사람이 다른 시·군·구로 거주지를 이동한 경우에도 병역판정검사 당시의 거주지인 시·군·구에서 입영하게 한다. 다만, 제60조 제2항에 따라 입영이 연기된 사람의 경우에는 그러하지 아니하다(병역법 제16조 제1항 내지 제3항).

현역병(지원에 의하지 아니하고 임용된 하사를 포함한다. 이하 같다.)의 복무기간은 육군은 2년, 해군은 2년 2개월로 한다. 다만, 해병은 2년으로 한다. 공군은 2년 3개월로 한다(병역법 제18조 제2항).

7. 보충역의 복무

사회복무요원은 ① 국가기관·지방자치단체·공공단체 및 사회복지시설의 공익목적에 필요한 사회복지, 보건·의료, 교육·문화, 환경·안전 등 사회서비스업무의

---

1) 병역법 시행령 제20조(현역병 별도 입영 대상자) 법 제16조 제2항에 따라 현역병 징집순서에 따르지 않고 따로 입영하게 할 수 있는 사람은 다음 각 호와 같다.

1. 병역판정검사를 받고 그 해 입영을 희망하는 사람
2. 법 제14조의3 제4항에 따른 재신체검사를 한 결과 현역병입영 대상자로 판정받아 다시 입영할 사람
3. 귀가된 사람으로서 다시 입영할 사람
4. 학군 군간부후보생 또는 의무·법무·군종·수의사관후보생으로서 해당 병적에서 제적된 사람
5. 병역판정검사나 입영이 연기된 사람(의무이행일 연기자를 포함한다)으로서 그 사유가 없어진 사람
6. 국외에서 귀국한 사람으로서 입영할 사람
7. 현역병입영 기피의 죄를 범한 사람으로서 형사처분이 종료되거나 공소시효가 완성된 사람
8. 승선근무예비역, 예술·체육요원, 공중보건의사, 병역판정전담의사, 공익법무관, 공중방역수의사, 전문연구요원 또는 산업기능요원으로의 편입이 취소되어 입영할 사람
9. 「대체역의 편입 및 복무 등에 관한 법률」(이하 "대체역법"이라 한다) 제25조 제2항에 따라 대체역의 편입이 취소되어 입영할 사람
10. 그 밖에 병무청장이 필요하다고 인정하는 사람

지원업무, ② 국가기관·지방자치단체·공공단체의 공익목적에 필요한 행정업무에 해당하는 업무 등의 지원업무에 복무하게 하여야 하며(병역법 제26조 제1항), 지방병무청장은 사회복무요원을 필요로 하는 국가기관·지방자치단체 또는 공공단체의 장으로부터 다음 해에 필요한 인원의 배정을 요청받으면 복무기관·복무분야·복무형태 및 배정인원 등을 결정한다(병역법 제27조 제1항).

사회복무요원의 복무기간은 2년 2개월로 한다(병역법 제30조 제1항). 사회복무요원을 배정받은 기관의 장은 복무분야를 지정하여 복무하게 하여야 하며, 그 복무에 필요한 사항은 병역법에서 정하는 사항을 제외하고는 대통령령[2]으로 정한다. 이 경우 사회복무요원의 직무상 행위는 공무수행으로 본다. 사회복무요원은 출퇴근 근무하며, 소속기관장의 지휘·감독을 받는다. 다만, 출퇴근 근무가 곤란하거나 업무수행의 특수성 등으로 인하여 필요한 경우에는 합숙근무를 하게 할 수 있다(병역법 제31조 제1항 및 제4항).

그 외에 예술·체육요원의 복무, 공중보건의사 등의 복무, 전문연구요원 및 산업기능요원 복무 등이 가능하다.

8. 병역의무의 연기 및 감면

현역병입영 대상자로서 ① 본인이 아니면 가족의 생계를 유지할 수 없는 사람은 원할 경우 전시근로역으로, ② 부모·배우자 또는 형제자매 중 전사자·순직자가 있거나 전상(戰傷)이나 공상(公傷)으로 인한 장애인이 있는 경우의 1명에 해당하는 사람은 원할 경우 보충역으로 처분할 수 있다.

보충역으로서 제1항 제1호에 해당하는 사람은 원할 경우 전시근로역에 편입할 수 있다. 제1항에 따른 가족의 범위, 생계유지곤란의 기준·출원시기, 전사자·순직자의 범위 및 전상·공상으로 인한 장애인의 범위 등에 필요한 사항은 대통령령으로 정한다(병역법 제62조 제1항 내지 제3항).

---

2) 병역법 시행령 제58조(사회복무요원의 근무시간) ① 사회복무요원의 근무시간에 관하여는 「국가공무원 복무규정」 제9조를 준용한다.
② 복무기관의 장은 복무형태, 업무의 성질, 지역 또는 기관의 특수성을 고려하여 필요하다고 인정하는 경우에는 지방병무청장과 협의하여 근무시간을 변경할 수 있다.
③ 제2항에 따른 근무시간의 변경에 따른 복무일수의 계산기준은 병무청장이 정한다.

현역병(제21조 및 제25조에 따라 복무 중인 사람을 포함한다. 이하 이 조에서 같다)으로서 제62조 제1항 제1호에 해당하는 사람은 원할 경우 전시근로역에 편입할 수 있다. 현역병 또는 사회복무요원으로 복무 중인 사람으로서 제62조 제1항 제2호에 해당하는 사람은 원할 경우 복무기간을 6개월로 단축할 수 있으며, 복무기간을 마친 사람은 보충역에 편입하거나 소집을 해제한다. 병력동원소집이나 전시근로소집에 의하여 복무 중인 병(소집 통지서를 받은 사람을 포함한다)으로서 제62조 제1항 제1호에 해당하는 사람은 원할 경우 전시근로역에 편입하거나 소집을 해제 또는 연기할 수 있다(병역법 제63조 제1항 내지 제3항).

9. 병역의무의 종료

병역판정검사, 재병역판정검사, 확인신체검사, 현역병입영 또는 사회복무요원·대체복무요원 소집 의무는 36세부터 면제되며, 면제된 사람(대체복무요원 소집 의무가 면제된 사람은 제외한다)은 전시근로역에 편입한다. 다만, ① 정당한 사유 없이 병역판정검사, 재병역판정검사, 확인신체검사, 현역병입영 또는 사회복무요원·대체복무요원 소집을 기피한 사실이 있거나 기피하고 있는 사람과 행방을 알 수 없었거나 알 수 없는 사람, ② 제23조의4 제1항에 따라 승선근무예비역의 편입이 취소된 사람, ③ 제33조의10 제4항 제3호부터 제7호까지의 규정에 따라 예술·체육요원의 편입이 취소된 사람, ④ 제35조 제2항, 제35조의2 제2항 또는 제35조의3 제2항에 따라 공중보건의사·병역판정검사전담의사·공익법무관 또는 공중방역수의사의 편입이 취소된 사람, ⑤ 제41조 제1항에 따라 전문연구요원 또는 산업기능요원의 편입이 취소된 사람, ⑥「대체역의 편입 및 복무 등에 관한 법률」제25조 제1항에 따라 대체역 편입이 취소된 사람, ⑦ 제58조 제3항에 따른 의무·법무·군종·수의사관후보생의 병적에서 제적된 사람, ⑧ 제60조 제1항 제2호의 사유로 병역판정검사, 재병역판정검사 또는 입영 등이 연기된 사람, ⑨ 제65조 제2항 또는 제65조의2 제2항의 사유로 보충역에 편입되거나 사회복무요원·대체복무요원 소집이 해제된 사람, ⑩ 제65조 제6항 또는 제65조의2 제3항에 따라 보충역 편입처분이나 사회복무요원·대체복무요원 소집의 해제처분이 취소된 사람, ⑪ 제70조 제1항 또는 제3항에 따른 허가를 받지 아니하고 출국한 사람, 국외에서 체류하고 있는 사람 또는 정당한 사유 없이 허가된 기간에 귀국하지 아니한 사람, ⑫ 거짓이나 그 밖의 부정한 방법으로 병역면제·전시근로역 또는 보충역의 처분을 받고 그 처분이 취소된 사람, ⑬ 「국적법」 제9조에 따라 국적회복허가를 받아 대한민국의 국적을 취득한 사람(다만, 귀화에 의하여 대한민국의 국적을 취득한 사람은 제외한다), ⑭ 29세 이후에 병무청장 또는 지방병무청장(병무지청장을 포함한다)을 피고로 행정소송을 제기하여 패소의 판결이 확정된 사람 중 어느 하나에 해당하는 사람은 38세부터 면제된다.

제1항 단서에 따라 현역병으로 입영하여야 할 사람 중 36세 이상인 사람은 사회복무요원으로 복무하게 할 수 있다. 제33조의10 제4항 제1호·제2호의 사유로 편입이 취소된 사람에 대하여는 제1항을 적용하지 아니한다(병역법 제71조 제1항 내지 제3항).

병역의무의 종료란 현역·예비역·보충역의 병, 전시근로역 및 대체역의 병역의무는 40세까지로 하고, 예비역·보충역의 장교·준사관 및 부사관의 병역의무는 「군인사법」에 따른 그 계급의 연령정년이 되는 해까지로 한다. 제1항에 따른 병역의무기간을 마치면 장교·준사관 및 부사관의 경우는 퇴역이 되고, 병 및 대체역의 경우는 면역이 된다(병역법 제72조 제1항 및 제2항).

10. 병역의무 이행자 등에 대한 권익보장

병역의무자의 경우 제73조(복학보장 및 군복무 중 학점취득의 인정), 제74조(복직보장 등), 제74조의2(채용 시의 우대 등), 제74조의3(병력동원 및 훈련 관련 학업보장), 제74조의4(병력동원 및 훈련 관련 직장 보장), 제75조(보상 및 치료), 제75조의2(재해 등에 대한 보상), 제75조의3(보험가입 등)의 권익보장 규정이 있다.

11. 병무행정

병무행정의 주관에 있어 징집·소집과 그 밖의 병무행정은 병무청장이 관장한다. 병무청장은 지방병무청장의 명령이나 처분이 위법 또는 부당하다고 인정할 때에는 그 명령이나 처분을 중지하거나 취소할 수 있다(병역법 제77조 제1항 및 제2항). 필요한 경우 제77조의2(확인신체검사 등), 제77조의3(국민건강보험료의 정부지원), 제77조의4(공직자 등의 병적 관리 등), 제77조의5(병역 정보의 기록·관리 등), 제77조의6(병역판정검사 결과 등의 공개) 등을 수행하며, 병무청장은 제81조(병무사범의 예방 및 단속)를 수행한다(병역법 제81조).

제2절 예비군법

1. 목적과 임무

예비군법은 국가를 방위하기 위하여 예비군(豫備軍)의 설치·조직·편성 및 동원(動員) 등에 관한 사항을 정함을 목적으로 하며(예비군법 제1조), 예비군은 ① 전시(戰時), 사변, 그 밖에 이에 준하는 국가비상사태하에서 현역 군부대의 편성이나 작전에 필요한 동원을 위한 대비, ② 적(敵) 또는 반국가단체의 지령을 받아 무기를 지니고 있는 사람(이하 "무장공비"라 한다)이 침투하거나 침투할 우려가 있는 지역에서 적이나 무장공비의 소멸(掃滅), ③ 무장 소요(騷擾)가 있거나 소요의 우려가 있는 지역에서 무장 소요 진압(경찰력만으로 그 소요를 진압하거나 대처할 수 없는 경우만 해당한다), ④ 제2호 및 제3호의 지역에 있는 중요시설·무기고 및 병참선(兵站線) 등의 경비, ⑤ 「민방위기본법」에 따른 민방위 업무의 지원 등의 임무를 수행한다(예비군법 제2조).

2. 예비군의 조직

예비군은 「병역법」에 따른 다음에 해당하는 사람과 대한민국 국민으로서 지원한 사람 중에서 선발된 사람으로 조직한다. 다만, 국가비상사태 등 특별히 필요한 경우로서 대통령령으로 정하는 경우에는 제2호 또는 제3호에 규정된 기간이 지난 예비역(豫備役) 및 보충역의 병(兵)도 예비군으로 조직할 수 있다. ① 예비역인 장교, 준사관(準士官) 및 부사관(副士官), ② 현역 또는 상근예비역(常勤豫備役)의 복무를 마친 사람(현역 복무를 마친 것으로 보는 사람을 포함한다)으로서 그 복무를 마친 날의 다음 날부터 8년이 되는 해의 12월 31일까지의 기간에 있는 예비역의 병, ③ 사회복무요원, 국제협력봉사요원, 예술·체육요원, 공중보건의사, 병역판정검사전담의사, 국제협력의사, 공익법무관, 공중방역수의사[공익수의사로 의무복무를 마친 사람을 포함한다], 전문연구요원, 산업기능요원의 복무를 마친 사람(「병역법」 제63조 제2항에 따라 현역병 또는 사회복무요원으로서 보충역에 편입되거나 소집이 해제된 사람을 포함한다)으로서 그 복무를 마친 날의 다음 날부터 8년이 되는 해의 12월 31일까지의 기간에 있는 보충역의 병으로 하며, 제1항 본문에도 불구하고 「병역법」 제65조 제1항에 따라 현역병(같은 법 제21조 및 제25조에 따라 복무 중인 사람을 포함한다), 승선근무예비역 또는 사회복무요원으로서 보충역에 편입되거나 소집이 해제된 사람은 예비군 조직에서 제외한다. 다만, 제1항 단서에 규정된 사유로 조직하는 경우에는 그러하지 아니하다(예비군법 제3조 제1항 및 제2항).

3. 예비군의 업무 관장 및 동원과 훈련

예비군에 관한 업무는 국방부장관이 관장하며(예비군법 제4조), 국방부장관은 예비군이 그 임무수행을 위하여 출동할 필요가 있다고 인정할 때에는 예비군대원에게 대통령령[3]으로 정하는 시간 이내에 지정된 장소에서 소집에 응하도록 동원을 명령할 수 있다. 다만, 국회의원, 외국에 여행 중이거나 체류 중인 사람, 국외를 왕래하는 선박의 선원 또는 항공기의 조종사와 승무원, 그 밖에 대통령령으로 정하는 사람에 대하여는 동원을 보류할 수 있다(예비군법 제5조 제1항).

동원명령을 받은 사람이 ① 질병이나 심신의 장애로 인하여 동원명령에 응할 수 없을 때, ② 법률에 따라 구속 중일 때, ③ 관혼상제, 재해, 그 밖의 부득이한 사유로 인하여 동원명령에 응할 수 없을 때에는 그 사람이 원할 경우 동원을 연기할 수 있다. 다만, 고의로 그 사유를 발생하게 한 사람은 그러하지 아니하다. 제1항에 따라 동원명령이 발령된 지역에 거주하는 예비군대원이 다른 지역으로 거주지를 옮길 때에는 대통령령으로 정하는 바에 따라 소속 예비군부대의 지휘관에게 신고하여야 한다(예비군법 제5조 제2항 및 제3항).

예비군대원은 제1항에 따라 동원되었을 때에는 지휘관(예비군 여단·연대·대대·중대·소대 및 분대의 장을 포함한다)의 정당한 명령에 복종하여야 한다. 국방부장관은 예비군대원을 동원한 경우 그 동원 사유가 없어지면 지체 없이 동원을 해제하여야 한다(예비군법 제5조 제4항 및 제5항).

국방부장관은 대통령령으로 정하는 바에 따라 연간 20일의 한도에서 예비군대원을 훈련할 수 있다. 이 경우 국회의원과 대통령령으로 정하는 사람은 훈련하여야

---

3) 예비군법 시행령 제12조(동원 응소시간) 법 제5조 제1항 본문에서 “대통령령으로 정하는 시간”이란 다음 각 호의 구분에 따른 시간을 말한다.

1. 동원명령 발령 지역 및 인접 특별자치시·시·군·자치구에 있는 사람: 동원명령 발령 후 6시간
2. 제1호의 지역 외의 육상 지역에 있는 사람: 동원명령 발령 후 24시간
3. 동원명령 발령 당시 섬 지역에 있거나, 출어(出漁) 중인 어선에 승선하고 있는 사람 등: 동원명령 발령 후 48시간

한다. 다만, 법률에 따라 국민이 직접 선거하는 공직 선거기간 중에는 훈련을 하지 아니하며, 예비군대원은 훈련을 위하여 소집되었을 때에는 지휘관(훈련을 담당하는 교관을 포함한다)의 정당한 명령에 복종하여야 한다(예비군법 제6조 제1항 및 제2항).

4. 무장 및 복장

예비군은 그 임무수행을 위하여 필요한 무장을 할 수 있다. 예비군이 출동한 경우에는 제2조 제2호부터 제4호까지의 임무수행을 위하여 무기를 사용할 수 있다. 다만, 제2조 제3호의 임무를 수행하거나 같은 호에 따른 지역에서 같은 조 제4호의 임무를 수행할 때에는 무기를 사용하지 아니하고는 무장 소요를 진압하거나 중요시설 등을 경비할 수단이 없다고 인정되는 경우에만 필요한 최소한도에서 무기를 사용할 수 있다. 제1항에 따른 무장을 위한 무기·탄약·장비 및 그 밖의 부속품 등의 유지와 관리에 관한 사항은 군부대의 장이 수행한다. 다만, 필요한 경우에는 대통령령으로 정하는 바에 따라 그 임무를 경찰서장에게 위탁할 수 있고, 경찰서장은 직장예비군부대의 지휘관에게 다시 위탁할 수 있다(예비군법 제7조 제1항 내지 제3항).

예비군대원은 동원되어 임무수행 중이거나 소집되어 훈련 중일 때에는 대통령령[4]으로 정하는 예비군대원 복장을 착용하거나 표지장(標識章)을 달아야 한다(예비군법 제7조의2).

---

4) 예비군법 시행령 제18조의2(예비군복의 종류) 법 제7조의2에 따라 예비군대원이 착용할 복장 및 표지장(이하 "예비군복"이라 한다)은 다음과 같다.
   1. 예비군모
   2. 예비군제복
   3. 예비군화
   4. 예비군표지장: 모표·이름표·흉장·휘장·견장(휘장 및 견장은 지휘관만 해당한다)
   5. 예비군특수복: 야전상의·점퍼·근무복[점퍼·근무복은 지휘관만 해당하고, 근무복은 하복(夏服)과 동복(冬服)으로 구분한다]
   6. 부속품: 요대

5. 긴급조치 및 보상

국방부장관은 예비군의 임무수행을 위하여 필요하다고 인정하면 대통령령으로 정하는 바에 따라 필요한 범위에서 ① 주민의 소개(疏開) 또는 피난 명령, ② 교통, 조명(照明) 또는 출입의 제한 등의 명령, ③ 임무수행에 지장을 주는 주민의 재산 제거를 할 수 있다. 예비군은 작전상 필요하다고 인정하는 경우에만 작전지역을 출입하는 사람을 검문할 수 있다. 국가는 제1항의 조치로 인하여 재산상의 손해를 입은 사람에게 대통령령[5]으로 정하는 바에 따라 정당한 보상을 한다(예비군법 제8조 제1항 내지 제3항).

---

5) 예비군법 시행령 제20조(긴급조치에 따른 보상) ① 수임군부대의 장 또는 수탁경찰서장은 긴급조치로 인하여 주민에게 재산상의 손실을 입혔을 때에는 그 형상, 가격(시가를 말한다), 그 밖에 국방부령으로 정하는 사항을 적은 손실증명서를 본인에게 발급하여야 한다.
② 법 제8조 제3항에 따라 긴급조치로 인하여 재산상의 손실을 입은 사람이 보상을 받으려면 국방부령으로 정하는 바에 따라 보상금 지급신청서를 국방부장관에게 제출하여야 한다.
③ 국방부장관은 제2항에 따른 보상금 지급신청서를 받았을 때에는 신청을 받은 날부터 30일 이내에 보상심의회의 심의를 거쳐 보상금액을 결정하고 보상금 지급통지서를 지체 없이 신청인에게 보내야 한다.
④ 제3항의 보상금액에 관하여 이의가 있는 사람은 보상금 지급통지서를 받은 날부터 30일 이내에 국방부장관에게 재심을 청구할 수 있다. 이 경우 국방부장관은 보상심의회의 심의를 거쳐 재심 청구를 받은 날부터 60일 이내에 재심 결정을 하여야 한다.
⑤ 보상심의회의 구성과 운영, 그 밖에 필요한 사항은 국방부령으로 정한다.

군수품 관리에 관한 법

제1절 군수품관리법

1. 목적 및 용어정리

군수품관리법은 「물품관리법」 제3조에 따라 군수품 관리에 관한 기본적 사항을 규정함으로써 군수품을 효율적이고 적절하게 관리하는 것을 목적으로 한다(군수품관리법 제1조). 군수품관리법에서 "군수품"이란 「물품관리법」 제2조 제1항 본문에 따른 물품 중 국방부 및 그 직할기관, 합동참모본부(이하 "국방관서"라 한다)와 육군·해군·공군(이하 "각군"이라 한다)에서 관리하는 물품을 말한다. 다만, ① 현금, ② 법령에 따라 한국은행에 기탁하여야 할 유가증권, ③ 「국유재산법」 제5조 제1항 제1호의 동산은 제외한다(군수품관리법 제2조).

2. 군수품의 관리기관과 통제

국방부장관은 국방관서와 각군의 소관에 속하는 군수품 관리에 관한 제도와 사무를 통제하며(군수품관리법 제5조), 국방관서의 장과 각군 참모총장은 그 소관에 속하는 군수품을 관리한다. 다만, 해군참모총장이 관리하는 군수품 중 해병대의 군수품에 대하여는 해병대사령관이 대통령령으로 정하는 바에 따라 ① 관리전환, 불용의 결정 등에 관한 사무, ② 대여, 양도 및 교환에 관한 사무, ③ 재물조사, 재물조정, 감사에 관한 사무를 관리한다. 국방관서의 장과 각군 참모총장(해병대사령관을 포함한다. 이하 같다)은 대통령령으로 정하는 바에 따라 그 소속 공무원 또는 다른 국방관서나 군 또는 다른 중앙관서의 소속 공무원에게 그 소관에 속하는 군수품 관리에 관한 사무를 위임할 수 있다. 국방관서의 장 또는 각군 참모총장으로부터 군수품 관리에 관한 사무를 위임받은 공무원을 물품관리관이라 한다(군수품관리법 제6조 제1항 내지 제3항).

3. 군수품의 관리

물품관리관은 군수품의 효율적인 사용과 처분을 위하여 필요한 때에는 대통령령으로 정하는 바에 따라 소속 국방관서의 장 또는 각군 참모총장의 승인을 받아 그 관리하는 군수품을 다른 물품관리관의 소관으로 관리의 전환(이하 “관리전환”이라 한다)을 할 수 있다. 다만, 대통령령으로 정하는 군수품은 승인을 받지 아니하고 관리전환을 할 수 있다. 국방부장관 외의 국방관서의 장과 각군 참모총장은 다른 중앙관서와의 관리전환에 대하여 제1항에 따른 승인을 하려면 대통령령으로 정하는 군수품을 제외하고는 미리 국방부장관의 승인을 받아야 한다. 군수품의 관리전환에 관하여는 「물품관리법」 제22조 제2항을 준용한다. 「방위사업법」에 따라 방위사업청장이 획득하여 국방관서 및 각군에서 사용하거나 관리하도록 납품하는 물품은 국방관서 및 각군에 납품이 완료된 때에 방위사업청에서 국방관서 및 각군으로 관리전환된 것으로 본다(군수품관리법 제10조 제1항 내지 제4항).

군수품관리는 획득,[1] 출납,[2] 불용의 결정 등 탄약의 폐기,[3] 대여,[4] 양도,[5] 교

---

1) 군수품관리법 제11조(획득) 군수품 획득에 관하여는 제4조에 따라 준용되는 「물품관리법」 제28조 및 대통령령으로 정하는 바에 따른다.

2) 군수품관리법 제12조(출납) ① 물품관리관은 군수품을 출납하게 할 때에는 물품출납공무원(분임물품출납공무원을 포함한다. 이하 같다)에게 출납하여야 할 군수품의 내용을 명백히 하여 그 출납을 명하여야 한다.
② 물품출납공무원은 제1항에 따른 명령이 없이는 군수품을 출납할 수 없다.

3) 군수품관리법 제13조 및 제13조의2.

4) 군수품관리법 제14조(대여) ① 국방관서의 장, 각군 참모총장 또는 물품관리관은 군수품의 제조, 수리, 그 밖의 시공(施工)에 관한 계약으로 군수품을 대여할 것을 약정(約定)한 경우에는 군수품을 대여할 수 있고, 국방관서 또는 각군의 운영이나 작전에 특별한 지장이 없다고 인정될 때에도 대통령령으로 정하는 바에 따라 군수품을 무상 또는 유상으로 대여할 수 있다.
② 국방부장관 외의 국방관서의 장, 각군 참모총장 또는 물품관리관은 제1항에 따라 군수품을

환,[6] 재물조사,[7] 재물조정,[8] 자연감모[9], 손·망실처리[10]를 그 내용으로 한다.

4. 군수품관리의 특례

군사원조품이란 「대한민국 정부와 미합중국 정부 간의 상호방위원조협정」에 따라 미합중국으로부터 무상으로 제공받은 군수품과 그 밖의 외국으로부터 무상으로 제공받은 군수품의 관리에 관하여는 그 협정에 특별한 규정이 있는 것을 제외하고는 군수품관리법을 준용한다(군수품관리법 제26조).

대여하려면 대통령령으로 정하는 경우에는 미리 국방부장관의 승인을 받아야 한다.

③ 제2항에도 불구하고 국방부장관 외의 국방관서의 장과 각군 참모총장은 다음 각 호의 어느 하나에 해당하는 경우에는 군수품을 대여할 수 있고, 대여한 때에는 그 결과를 국방부장관에게 보고하여야 한다. 다만, 주요완성장비 및 주요편제(編制)장비의 초도보급수리부속품(初度補給修理附屬品)의 경우에는 그러하지 아니하다.

1. 외국군과의 연합훈련 및 작전, 그 밖의 연합임무를 수행할 때 해당 국가와 체결한 조약·협정 등에 따라 대여할 경우
2. 「재난 및 안전관리기본법」 제36조에 따른 재난사태 또는 같은 법 제60조에 따른 특별재난지역이 선포된 때에 필요한 물자를 대여할 경우

5) 군수품관리법 제15조(양도) 군수품을 국가 외의 자(외국 정부를 포함한다. 이하 같다)에게 무상 또는 유상으로 양도하는 경우에는 제14조를 준용한다.

6) 군수품관리법 제16조(교환) 국방관서의 장, 각군 참모총장 또는 물품관리관은 그 소관에 속하거나 관리하는 군수품을 국가 외의 자가 소유하는 물품과 교환할 수 없다. 다만, 국방관서 또는 각군의 운영이나 작전 또는 국가의 사업에 특히 유리하거나 필요할 때에는 대통령령으로 정하는 바에 따라 군수품을 교환할 수 있다.

7) 군수품관리법 제17조(재물조사) 국방관서의 장, 각군 참모총장 또는 물품관리관은 대통령령으로 정하는 바에 따라 정기 또는 수시로 그 관리하는 군수품에 대하여 재물조사(在物調査)를 하여야 한다.

8) 군수품관리법 제18조(재물조정) 국방관서의 장, 각군 참모총장 또는 물품관리관은 제17조에 따른 재물조사를 한 결과 발견된 군수품의 증감이 사무상 착오 또는 이에 준하는 사유로 인한 것이면 대통령령으로 정하는 바에 따라 조정하여야 한다. 다만, 물품관리관이 재물조정을 하는 경우에는 소속 국방관서의 장 또는 각군 참모총장의 승인을 받아야 한다.

9) 군수품관리법 제22조(자연감모) ① 군수품의 장기보관이나 운송, 그 밖의 불가피한 사유로 인하여 생기는 감모는 자연감모(自然減耗)로 하여 정리할 수 있다.

② 제1항에 따라 자연감모로 정리할 수 있는 군수품의 범위와 비율은 대통령령으로 정한다.

③ 국방부장관은 그 소관에 속하는 군수품이 자연감모되면 대통령령으로 정하는 바에 따라 감사원에 통보하여야 한다.

10) 군수품관리법 제23조(손·망실처리) 물품관리관은 그 관리하는 군수품을 잃어버리거나 훼손(毁損)하였을 때에는 대통령령으로 정하는 바에 따라 조정하여야 한다.

5. 책임

물품관리관, 물품운용관과 그 분임자 또는 대리자는 그 직무를 수행할 때 임무를 위배하여 고의 또는 중대한 과실로 국가에 손해를 끼친 경우에는 따로 「회계관계직원 등의 책임에 관한 법률」[11]에서 정하는 바에 따라 변상(辨償)할 책임을 진다. 물품출납공무원과 그 분임자 또는 대리자는 보관하는 군수품을 잃어버리거나 훼손한 경우에 선량한 관리자의 주의를 게을리하지 아니하였음을 증명하지 못하면 따로 「회계관계직원 등의 책임에 관한 법률」에서 정하는 바에 따라 변상할 책임을 진다(군수품관리법 제28조).

군수품을 사용하거나 대여받은 공무원은 고의 또는 중대한 과실로 그 군수품을 잃어버리거나 훼손하면 따로 「회계관계직원 등의 책임에 관한 법률」에서 정하는 바에 따라 변상할 책임을 진다(군수품관리법 제29조).

6. 기록과 보고 및 감사

물품관리관, 물품출납공무원 및 물품운용관은 국방부령으로 정하는 바에 따라 장부를 비치하고 필요한 사항을 기록하여야 한다(군수품관리법 제30조). 국방부장관은 대통령령으로 정하는 중요한 통상품에 대하여는 국방관서와 각군별로 물품관리운용보고서를 작성하여 다음 연도 2월 20일까지 기획재정부장관에게 제출하여야 한다(군수품관리법 제31조).

국방부장관과 각군 참모총장은 국방부령으로 정하는 바에 따라 정기 또는 수시로 군수품의 관리에 관한 감사(監査)를 하여야 한다(군수품관리법 제32조).

---

11) 회계관계직원 등의 책임에 관한 법률 제4조(회계관계직원의 변상책임) ① 회계관계직원은 고의 또는 중대한 과실로 법령이나 그 밖의 관계 규정 및 예산에 정하여진 바를 위반하여 국가, 지방자치단체, 그 밖에 감사원의 감사를 받는 단체 등의 재산에 손해를 끼친 경우에는 변상할 책임이 있다.
② 현금 또는 물품을 출납·보관하는 회계관계직원은 선량한 관리자로서의 주의를 게을리하여 그가 보관하는 현금 또는 물품이 망실(亡失)되거나 훼손(毁損)된 경우에는 변상할 책임이 있다.
③ 제2항의 경우 현금 또는 물품을 출납·보관하는 회계관계직원은 스스로 사무를 집행하지 아니한 것을 이유로 그 책임을 면할 수 없다.
④ 제1항 및 제2항의 경우 그 손해가 2명 이상의 회계관계직원의 행위로 인하여 발생한 경우에는 각자의 행위가 손해발생에 미친 정도에 따라 각각 변상책임을 진다. 이 경우 손해발생에 미친 정도가 분명하지 아니하면 그 정도가 같은 것으로 본다.

제2절 군수의 기능과 체계

1. 군수의 기능

'군수의 기능'은 군수자원의 활용을 기획, 계획하고 집행할 수 있도록 군수조직에 부여된 임무로서, 연구개발, 소요관리, 조달관리, 저장 및 분배, 정비 및 재생, 유지, 처리 기능이 있으며, 업무수행 측면에서 서로 별개로 존재하기보다는 상호간 긴밀한 연관관계를 유지해야 하며, 이러한 군수기능은 군수목표가 달성될 수 있도록 계획, 조정, 통제되어야 한다. 아래에서 군수의 기능 중 세부기능별 임무에 내용은 다음과 같다.

2. 세부기능 및 임무

1) 연구개발

연구개발 기능은 무기체계 및 군수품 개발, 생산, 수명관리, 성능향상과 효율적인 군수 관리를 위한 관련 제도 및 기법을 연구하고 개발하는 업무를 포함한다.

2) 목록관리

보급품의 식별, 분류, 목록화, 표준화, 규격화 등 보급품의 효율적인 관리를 위하여 각종 보급자료를 체계화한 것으로 품목군수자료목록, 식별자료목록, 관리자료목록, 항소색인자료목록, 수송자료목록, 비군사화자료목록, 민감품목참고자료목록, 장비표준화목록 등이 있으며, 정확한 최신의 내용으로 유지될 수 있도록 주기적으로 검토·보완되어야 한다.

3) 소요관리

소요관리 기능은 정확한 소요산정을 통해 수요충족에 기여하고 재고자산과 추가투자를 효과적으로 통제하며 적정재고 수준을 유지함과 아울러 저장공간을 효과적으로 이용하는 등의 중요한 기능이다. 소요는 과거 사용실적과 미래의 예상소요를 고려하여 산정되며, 각종 재고목표산정 정수관리, 일수관리 등으로 구체화되어 운영되어야 한다.

4) 조달관리

조달관리 기능은 군이 필요한 군수품 및 용역 등을 획득하는 행위로서 계약대상에 따라 내자조달과 외자조달, 조달기구에 따라 중앙, 부대, 기자조달 등으로 구분된다.

조달은 조달원으로부터 필요한 군수품을 단순히 획득하는 것뿐만 아니라 가격 정보수집, 우량조달원의 관리, 지정품 조달을 위한 조달관련 자료의 관리체계 수립, 관계법령에 의한 조달법규체계의 정비 등 광범위한 보급업무의 주요기능 중 하나이다.

5) 저장관리

저장이라 함은 모든 군수품을 필요한 부대에 공급할 때까지 일정한 기간 동안 특정장소에 획득 당시의 상태로 보관·관리하는 것으로서 장래의 소요에 신속하게 대비하기 위한 것이며, 수령, 보관, 불출하는 일련의 과정 전체를 포함한다.

저장시설은 전시 또는 평시 상황에서 적의 공습 또는 기습으로부터 안전한 지역에 분산 설치하여야 하며, 수송거리가 가능한 짧도록 위치하되, 일반저장관리창, 해외 물자수령, 발송저장창, 무기체계 생산물자 관리창 등으로 저장관리 목적에 따라 전문화할 수 있다.

저장관리 업무는 저장시설물관리, 저장공간관리, 재고위치관리, 군수품 저장 및 취급관리, 재고조사 및 조정, 하자처리, 품질관리 등이며, 저장위치 표시, 분리저장, 품질보존, 선입선출, 공간활용 등은 저장관리의 원칙이다.

6) 분배

분배란 물품관리관 또는 분임물품관리관에 의하여 해당물품을 소요되는 부서로 불출을 지시하는 행위 또는 기능을 말한다. 분배의 원칙은 소요되는 부서에 적품, 적량을 적기에 지원하는 것이며, 이는 신속한 군수품의 이동, 효율적인 군수품의 배분, 분배비용의 최소화가 가능토록 고려하여 분배하여야 한다.

분배를 위한 세부적인 보급방법은 청구보급과 할당보급으로 구분되며, 분배시는 제대별 분배계획, 물자수송관리, 국내·외 군수품 유통체계 소모계수, 군수자금 가용범위, 보급지원능력 및 운영분석 자료 등이 기준자료로 활용된다.

정비 및 유지기능은 무기체계와 군수자원의 전력발휘 보장과 수명관리를 위한 검사, 시험, 수리 및 개조, 제작 등을 통하여 군수품을 사용 가능한 상태로 유지하고 복구하는 활동을 말한다.

7) 정비 및 재생

보급기능 측면에서 정비 및 재생은 군수품 획득을 위한 생산통제, 국내·외 정비원관리 등을 의미하며, 정비기술 측면은 보급기능으로 고려할 대상이 아니다.

국외정비, 민영창정비, 외주정비 등 조달원의 한 부분으로 고려해야 할 정비 및 재생업무는 신품 또는 재생품 확보 타당성 등을 군수예산, 적정재고수준, 소요시기 확보기능여부 측면에서 관리해야 하는 보급의 기능이다.

8) 처리

처리란 군수품 관리공무원이 관련법 및 권한범위 내에서 소유권 또는 점유권을 그 지배범위에서 이탈시키는 행위로서 처리방법 및 처리 한계결정 등의 업무를 수행한다.

처리대상은 초과품, 잉여품, 폐품 등이며, 처리방법으로는 재활용, 관리전환, 양도, 매각, 대여, 물물교환, 재판매, 폐기 등이 있다.

처리대상 품목을 처리하는 것은 추가획득, 경제적 군 운용, 저장공간활용 등에 영향을 미치므로 신속한 처리가 이루어져야 한다.

| 군수의 순환도

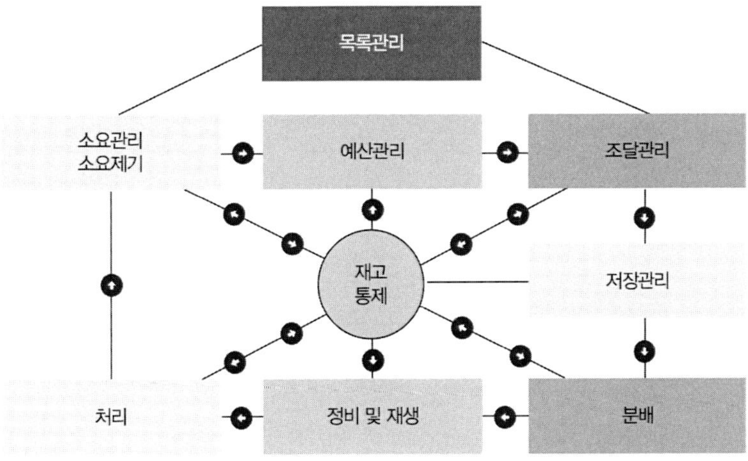

제3부

군사사법제도

군사경찰의 직무수행에 관한 법률

제1절 군사경찰직무법과 경찰관직무집행법의 관계

군사경찰의 직무수행에 관한 법률(이하 "군사경찰직무법"이라 한다)과 경찰관직무집행법은 모두 각각의 직무수행에 관하여 필요한 사항을 규정함을 목적으로 한다는 점에서 공통점을 지닌다고 하겠다.

단, 양자 간의 관계는 신분적 차이와 적용범위 및 법률의 목적에 따른 차이가 있다고 할 것인데, 우선 경찰관직무집행법은 국민의 자유와 권리 및 모든 개인이 가지는 불가침의 기본적 인권을 보호하고 사회공공의 질서를 유지하기 위한 것이며(경찰관직무집행법 제1조), 군사경찰직무법은 군사경찰의 직무수행에 필요한 사항을 규정함으로써 적법한 직무의 집행을 보장하고 직무를 수행하면서 발생할 수 있는 인권 침해를 방지함을 목적으로 한다(군사경찰직무법 제1조)는 점에서 차이가 있다.

제2절 군사경찰직무법의 적용범위

1. 적용범위

먼저 군사경찰직무수행법은 군사지역(군사기지 및 군사시설 보호법상 군사기지와 군사시설 내부, 민간인통제선 이북지역)[1]에 한정된 범위에서 적용되며 그 대상도 군인과 군무원 및 군사지역에 거주하거나 일시적으로 방문하는 민간인 등에 한하여 적용[2]되는 법률이다.

단, 민간인에 대하여서는 직무질문(경찰의 불심검문과 동일한 개념)과 동행 요구에 관한 권한과 범죄의 예방 및 제지에 관하여서만 적용이 가능하다.

그러나 위와 같은 제한에도 불구하고, 군사경찰 무기 등의 사용에 있어서는 군사법원 관할 적용을 받는 범죄를 저지른 민간인에게도 적용된다.

2. 용어의 정의

군사경찰직무법에서 사용하는 용어의 뜻은 다음과 같다.

용어	1. “군사경찰”이란 「군사법원법」 제33조 제1항에 따른 병과의 장교·준사관·부사관·병(兵)과 「군무원인사법」에 따른 군무원으로서 군사경찰부대에 소속되어 군사에 관한 경찰의 직무를 수행하는 사람 중 대통령령으로 정하는 사람을 말한다. 2. “군사지역”이란 「군사기지 및 군사시설 보호법」 제2조 제1호·제2호에 따른 군사기지 및 군사시설과 같은 법 제5조 제1항 제1호 가목의 민간인통제선 이북(以北)지역을 말한다. 3. “군사경찰장비”란 군사경찰의 직무수행을 위하여 필요한 것으로서 무기, 군사경찰장구, 최루제와 그 발사장치, 음주측정기, 속도측정기, 감식기구, 해안 감시기구, 통신기기, 차량·선박·항공기 등의 장치와 기구를 말한다. 4. “위해성 군사경찰장비”란 군사경찰장비 중 다른 사람의 생명이나 신체에 위

1) 군사경찰의 직무수행에 관한 법률 제3조(정의) 이 법에서 사용하는 용어의 뜻은 다음과 같다. 2. “군사지역”이란 「군사기지 및 군사시설 보호법」 제2조 제1호·제2호에 따른 군사기지 및 군사시설과 같은 법 제5조 제1항 제1호 가목의 민간인통제선 이북(以北)지역을 말한다.

2) 군사경찰의 직무수행에 관한 법률 제4조(적용대상) ① 이 법에 따른 군사경찰의 직무는 원칙적으로 「군인사법」 및 「군무원인사법」의 적용을 받는 군인, 군무원에 대하여 적용한다. ② 제1항에도 불구하고 제7조 및 제8조는 군사지역에 거주하거나 일시적으로 방문하는 민간인(외국인을 포함한다)에게도 적용한다. ③ 제1항에도 불구하고 제11조부터 제14조까지는 「군형법」 제1조 제4항에 해당하는 죄를 범한 내국인·외국인에게도 적용한다.

해를 끼칠 수 있는 군사경찰장비를 말한다.

5. “군사경찰장구”란 군사경찰이 휴대하여 범인검거와 범죄 진압 등의 직무수행에 사용하는 수갑·포승(捕繩)·경찰봉·전자충격기·전자충격총 및 방패 등 대통령령으로 정하는 장치와 기구를 말한다.
6. “분사기등”이란 「총포·도검·화약류 등의 안전관리에 관한 법률」에 따른 분사기와 그에 사용하는 최루 등의 작용제 및 최루탄을 말한다.
7. “무기”란 사람의 생명이나 신체에 위해를 끼칠 수 있도록 제작된 권총·소총·도검 등을 말한다.

※ 「군사경찰직무법」 제3조의 내용을 재정리함

제3절 군사경찰의 직무범위와 지휘 · 감독

1. 직무범위

군사경찰의 직무범위는 우선 군사상 주요 인사와 시설에 대한 경호, 경비, 테러 대응이 있으며, 둘째로 군사상 교통과 운항 및 항행질서의 유지, 위해의 방지를 들 수 있고, 셋째로 군사법원법상 군사법경찰관으로서 수사가 가능한 범죄에 대한 범죄정보 수집 및 범죄예방과 제지, 수사활동을 하며, 넷째로 군수용자에 대한 관리, 다섯째로 군 관련 범죄발생시 피해자의 보호에 관한 업무, 여섯째로 경찰이나 검찰 등 유관기관과의 상호 협력, 일곱째로 주한미군과 외국군 군사경찰과 국제적인 협력업무를 하며, 마지막으로 기타 모든 군기강 확립과 군내 질서유지를 위한 활동이 직무의 범위이다.[3)]

---

3) 군사경찰의 직무수행에 관한 법률의 법률 제5조(군사경찰의 직무범위와 지휘·감독) ① 군사경찰은 군사경찰부대가 설치되어 있는 부대의 장의 지휘·감독 하에 다음 각 호의 직무를 수행한다.

1. 군사상 주요 인사(人士)와 시설에 대한 경호·경비 및 테러 대응
2. 군사상 교통·운항·항행 질서의 유지 및 위해의 방지
3. 「군사법원법」 제44조 제1호에 규정된 범죄의 정보수집·예방·제지 및 수사
4. 「군에서의 형의 집행 및 군수용자의 처우에 관한 법률」에 따른 군수용자 관리
5. 군 범죄 피해자 보호
6. 경찰, 검찰과 상호 협력
7. 주한미군 및 외국군 군사경찰과 국제 협력
8. 그 밖에 군 기강 확립·질서 유지를 위한 활동

그리고 군사경찰은 범죄예방과 범죄정보 업무 및 수사활동시에 필요한 경우 경찰관서 등 관계 기관에 사건이첩 및 사실조회에 관한 협조를 요청할 수 있다.[4] 특히, 본 조항은 군사법원법 개정 시행(2022.7.1.)에 따라서 3대 범죄(군인 등이 범한 성폭력범죄, 입대 전 범죄, 군인 등이 사망한 경우 사망의 원인이 된 범죄)의 재판권 관할이 일반 법원으로 이관됨에 따라 해당 법률상 3대 범죄인지시 군사법경찰관이나 군검사는 관할 경찰과 검찰 등에 사건을 이첩해야 하는데, 이러한 경우 해당 3대 범죄에 관하여 일반 경찰과 검찰이 중복하여 인지, 수사 중인지 여부를 확인하기 위한 목적이나 수사 외 범죄예방 등의 목적을 위하여 일반 경찰 등에서 3대 범죄에 관하여 군인 등 신분인 자에 대하여 수사가 진행 중인지 여부를 확인하기 위하여 경찰이나 피조사자 소속 기관(부대)장에게 사실조회 요청 등의 목적으로 사용될 수 있다는 점에서 의미가 있다고 할 것이다.

2. 군사경찰에 대한 지휘 · 감독

먼저 국방부장관은 군사경찰 직무의 최고 지휘자 및 감독자로서 군사경찰에 관한 정책을 총괄하기 위하여 국방부 소속으로 조사본부를 두며, 각군 참모총장은 각군 군사경찰 직무의 지휘자 및 감독자로서 각군 소속 군사경찰의 직무를 총괄하기 위하여 군사경찰실이나 군사경찰단을 설치하고 각급 장성급 지휘관은 자신이 관리하는 군부대에 설치된 군사경찰에 대하여 그 직무를 관장하며 소속 군사경찰을 지휘 · 감독한다.[5]

그러나 주의할 점은 군사경찰부대가 설치된 해당 부대의 각급 장성급 지휘관은 군사경찰의 수사와 범죄정보, 범죄예방 활동의 공정성을 확보하기 위하여 군사경찰이 범죄예방, 범죄정보 수집 및 수사활동시 독립성을 보장하여야 한다는 점이다.[6]

---

4) 군사경찰의 직무수행에 관한 법률의 법률 시행령 제6조(군사경찰의 직무수행을 위한 관계 기관 협조) 군사경찰은 법 제5조 제1항 제3호의 업무를 수행하기 위하여 필요한 경우 경찰관서 등 관계 기관에 신병 인계, 사건 이첩 및 사실조회에 관한 협조를 요청할 수 있다.

5) 군사경찰의 직무수행에 관한 법률의 법률 제5조(군사경찰의 직무범위와 지휘 · 감독) ② 국방부장관은 군사경찰 직무의 최고 지휘자 · 감독자로서 군사경찰에 관한 정책을 총괄하기 위하여 국방부 소속으로 조사본부를 둔다.

③ 각 군 참모총장은 각 군 군사경찰 직무의 지휘자 · 감독자로서 각 군 소속 부대의 군사경찰 직무를 총괄하기 위하여 군사경찰실이나 군사경찰단을 둔다.

④ 군사경찰부대가 설치되어 있는 부대의 장은 소관 군사경찰 직무를 관장하고 소속 군사경찰을 지휘 · 감독한다.

6) 군사경찰의 직무수행에 관한 법률 시행령 제7조(군사경찰의 지휘 · 감독) 군사경찰부대가 설치

이는 군사경찰의 직무수행에 있어서 정당한 법집행활동에 대해 장성급 부대장 등의 부당한 개입을 차단하기 위하여 도입된 조항으로 특히 군사경찰의 범죄수사, 범죄정보, 범죄예방 활동 등에 대하여 외부 개입에 의한 불공정한 결과 발생을 근절하는 것이 목적이라 하겠다.

제4절 직무질문과 범죄예방 및 제지·출입

군사경찰은 군사지역 내에서 군인이나 군무원 등에 대하여 범죄의 의심이 있다고 판단되거나 특정한 범죄사실을 안다고 생각되는 사람에 대하여 정지시켜 질문을 할 수 있고, 신원확인을 위한 신분증명서 제시 요구 등의 조치를 취할 수 있다. 또한, 필요한 경우 최기 군사경찰부대나 검문소 및 경찰서 등에 6시간 내에 한하여 임의 동행할 것을 요구할 수 있다. 이때 군사경찰은 무기나 흉기 소지의 여부를 조사할 수 있다.7)

특히, 해당 적용 대상에는 군인이나 군무원 외에 군사지역에서 활동 중인 민간인(외국인 포함)에게도 적용된다는 점에서 의미가 있다고 하겠다. 물론, 임의동행 요구시 민간인 신분임을 확인한 경우 일반 경찰관서로 동행하여야 하는 것에 주의하여야 한다.

다음으로 군사경찰은 군사지역 내에서 범죄행위가 목전에 행해지려 한다고 판단되면, 이를 예방하기 위해 관계인들에게 경고를 하고 생명이나 신체위협 등의 위험성이 있다고 보여 긴급한 경우 제지도 가능하며, 구조를 위해 부득이한 경우 다른 사람의 토지나 건물, 배, 차량에 출입할 수 있다.8)

되어 있는 부대의 장은 수사의 공정성을 확보하기 위하여 군사경찰이 법 제5조 제1항 제3호에 따른 직무를 수행할 때 독립성을 보장해야 한다.

7) 군사경찰의 직무수행에 관한 법률 제7조(직무질문 및 동행요구) ① 군사경찰은 군사지역에서 다음 각 호의 어느 하나에 해당하는 사람을 정지시켜 질문(이하 이 조에서 "직무질문"이라 한다)할 수 있으며, 이 경우 신분증명서의 제시 등 신원확인에 필요한 조치를 취할 수 있다.
   1. 수상한 행동, 그 밖의 주위의 사정을 합리적으로 판단하여 볼 때 어떠한 죄를 범하였거나 범하려 하고 있다고 의심할만한 상당한 이유가 있는 사람
   2. 이미 행하여진 범죄나 행하여지려고 하는 범죄에 관하여 그 사실을 안다고 인정되는 사람

8) 군사경찰의 직무수행에 관한 법률 제8조(범죄의 예방과 제지) 군사경찰은 군사지역에서 범죄행위가 목전(目前)에 행하여지려고 하고 있다고 인정될 때에는 이를 예방하기 위하여 관계인

제5절 군기위반 조사권과 교통질서 유지 등

군사경찰은 일반 경찰의 단속권과 행정경찰의 일환인 조사행위(수사행위가 아닌 행정조사 등)와 같이 군인과 군무원 등을 대상으로 각종 군기강문란에 대한 조사권을 보장받고 있다.

실제로 군사경찰의 직무수행에 관한 법률 및 이를 기반으로 제정된 국방부 훈령[9]에 따라서 군사경찰은 군사법경찰관이 아닌 경우라도 군사에 관한 행정경찰 작용의 일환으로 군기강확립, 질서유지 활동 등을 위하여 현장점검, 설문조사, 관련기관에 신분 및 차량조회 등 자료제공 요청, 진술청취, 신고접수 등을 위한 조치를 할 수 있다. 해당 군기위반조사 간 인지한 위반행위의 확인을 위하여 해당 부대장에게 자료제공 등 필요한 협조를 요청할 수 있으며, 식별된 위반행위를 사안에 따라 범죄라고 판단하면 관할 수사기관에 이첩하거나 비범죄 중 징계 등이 필요한 경우에 위반자 소속 부대(기관)장에게 비행사실로 통보할 수 있는 권한이 보장되어 있다.

그리고 군사경찰은 군사지역 내에서 안전과 원활한 교통운항과 항행질서 유지를 위하여 음주운전 및 약물 등 과로운전 행위를 단속할 수 있고 이때 호흡조사로 측정하도록 하되 피측정자는 군사경찰의 측정요구에 응하여야 한다. 물론 측정결과에 불복하는 경우 본인 동의하에 혈액 채취 후 측정을 할 수도 있다.[10]

에게 필요한 경고를 하고, 그 행위로 인하여 사람의 생명·신체에 위해를 끼치거나 재산에 중대한 손해를 끼칠 우려가 있는 긴급한 경우에는 그 행위를 제지할 수 있다.

군사경찰의 직무수행에 관한 법률 제9조(위험방지를 위한 출입) ① 군사경찰은 군사지역에서 위험한 사태가 발생하여 사람의 생명·신체 또는 재산에 대한 위해가 임박한 때에 그 위해를 방지하거나 피해자를 구조하기 위하여 부득이하다고 인정하면 합리적으로 판단하여 필요한 한도에서 다른 사람의 토지·건물·배 또는 차에 출입할 수 있다.

② 군사경찰이 제1항에 따라 출입할 때에는 그 신분을 표시하는 증표를 제시하여야 하며, 함부로 관계인의 정당한 업무를 방해하여서는 아니 된다.

9) 군사경찰의 교통단속 등 질서유지 활동에 관한 훈령 제5조(군 기강확립·질서 유지 활동에 대한 조치 등) ① 군사경찰은 군 기강확립·질서 유지 활동 등을 위하여 군기순찰, 현장점검, 설문조사, 관련기관에 신분 및 차량조회 등 자료제공 요청, 진술청취, 신고접수 등을 위한 조치를 할 수 있다.

② 군사경찰은 제1항에서 정한 활동 간 인지한 위반행위의 확인을 위하여 해당 부대(기관)장 등에게 자료제공 등 필요한 협조를 요청할 수 있으며, 확인한 위반행위를 사안에 따라 관할 수사기관에 이첩하거나 위반자 소속 부대(기관)장에게 비행사실로 통보할 수 있다.

10) 군사경찰의 직무수행에 관한 법률 제10조(교통·운항·항행 질서 유지 등) ① 군사경찰은 군사

제6절 군사경찰장비 및 장구, 무기의 사용

1. 장비 및 장구의 사용

군사경찰은 직무수행 중 군사경찰장비를 사용할 수 있으나, 위해성 군사경찰장비를 사용할 때에는 필요한 안전교육과 안전검사를 받은 후 사용하여야 한다. 이 때 군사경찰장비를 함부로 개조하거나 임의의 장비를 부착하여 일반적인 사용법과 달리 사용함으로써 다른 사람의 생명·신체에 위해를 끼쳐서는 안 된다.

그리고 국방부장관은 위해성 군사경찰장비를 새로 도입하려는 경우 안전성 검사를 실시하여 그 안전성 검사의 결과보고서를 국회 소관 상임위원회에 제출하여야 하는데 해당 안전성 검사에는 외부 전문가를 참여시켜야 한다.[11)]

또한, 군사경찰은 현행범이나 사형, 무기 또는 장기 3년 이상의 징역이나 금고에 해당하는 죄를 범한 범인의 체포 또는 도주 방지 및 자신이나 다른 사람의 생명, 신체에 대한 방어 및 보호와 공무집행에 대한 항거(抗拒)의 제지를 위하여 군사경찰 장구를 사용할 수 있다.[12)]

지역에서 안전하고 원활한 교통·운항·항행 질서를 유지하기 위하여 교통·운항·항행 상의 위험과 장해를 방지 및 제거하여야 하며, 「도로교통법」 제44조 및 제45조, 「해사안전법」 제41조 및 제41조의2, 「항공안전법」 제57조에 따라 금지된 행위를 단속할 수 있다.

② 군사경찰은 제1항에 따른 단속행위를 할 때 술에 취하였는지를 호흡조사로 측정할 수 있다. 이 경우 단속을 받는 사람은 군사경찰의 측정 요구에 따라야 한다.

③ 제2항에 따른 측정 결과에 불복하는 사람에 대해서는 본인의 동의를 받아 혈액 채취 등의 방법으로 다시 측정할 수 있다.

④ 제1항부터 제3항까지의 직무수행에 관한 구체적 사항은 대통령령으로 정한다.

11) 군사경찰의 직무수행에 관한 법률 제11조(군사경찰장비의 사용) ① 군사경찰은 직무수행 중 군사경찰장비를 사용할 수 있다. 다만, 위해성 군사경찰장비를 사용할 때에는 필요한 안전교육과 안전검사를 받은 후 사용하여야 한다. ② 군사경찰은 군사경찰장비를 함부로 개조하거나 군사경찰장비에 임의의 장비를 부착하여 일반적인 사용법과 달리 사용함으로써 다른 사람의 생명·신체에 위해를 끼쳐서는 아니 된다. ③ 위해성 군사경찰장비는 필요한 최소한도에서 사용하여야 한다. ④ 국방부장관은 위해성 군사경찰장비를 새로 도입하려는 경우에는 대통령령으로 정하는 바에 따라 안전성 검사를 실시하여 그 안전성 검사의 결과보고서를 국회 소관 상임위원회에 제출하여야 한다. 이 경우 안전성 검사에는 외부 전문가를 참여시켜야 한다.

12) 군사경찰의 직무수행에 관한 법률 제12조(군사경찰장구의 사용) 군사경찰은 다음 각 호의 직무를 수행하기 위하여 필요하다고 인정되는 상당한 이유가 있을 때에는 그 사태를 합리적으로 판단하여 최소한의 범위에서 군사경찰장구를 사용할 수 있다.

1. 현행범이나 사형·무기 또는 장기 3년 이상의 징역이나 금고에 해당하는 죄를 범한 범인의 체포 또는 도주 방지

2. 무기의 사용

군사경찰은 범인의 체포, 도주 방지, 자신이나 다른 사람의 생명과 신체에 대한 방어 및 보호, 공무집행에 대한 항거의 제지를 위하여 필요하다고 인정되는 상당한 이유가 있을 때에는 그 사태를 합리적으로 판단하여 최소한의 범위에서 무기를 사용할 수 있다.

그리고 군사경찰은 무기를 사용할 때 무기 사용을 야기한 자와 관계없는 자에게 피해가 발생하지 아니하도록 하여야 하며, 주위의 정황상 무기의 사용이 필요하지 아니하게 된 때에는 즉시 그 사용을 중지하여야 하며 해당 무기를 사용한 때에는 그 사유 및 상황을 지체 없이 소속 군사경찰부대의 지휘관에게 보고하고, 소속 군사경찰부대의 지휘관은 그 상급부대의 지휘관에게 지체 없이 보고하여야 한다.[13)]

---

2. 자신이나 다른 사람의 생명 · 신체에 대한 방어 및 보호
3. 공무집행에 대한 항거(抗拒)의 제지

13) 군사경찰의 직무수행에 관한 법률 제14조(무기의 사용) ① 군사경찰은 범인의 체포, 도주 방지, 자신이나 다른 사람의 생명 · 신체에 대한 방어 및 보호, 공무집행에 대한 항거의 제지를 위하여 필요하다고 인정되는 상당한 이유가 있을 때에는 그 사태를 합리적으로 판단하여 최소한의 범위에서 무기를 사용할 수 있다. 다만, 다음 각 호의 어느 하나에 해당하는 때를 제외하고는 사람에게 위해를 끼쳐서는 아니 된다.

1. 「형법」 제21조 및 제22조에 따른 정당방위와 긴급피난에 해당할 때
2. 다음 각 목의 어느 하나에 해당하는 때에 그 행위를 방지하거나 그 행위자를 체포하기 위하여 무기를 사용하지 아니하고는 다른 수단이 없다고 인정되는 상당한 이유가 있을 때
   가. 사형 · 무기 또는 장기 3년 이상의 징역이나 금고에 해당하는 죄를 범하거나 범하였다고 의심할만한 상당한 이유가 있는 사람이 군사경찰의 직무집행에 대하여 항거하거나 도주하려고 할 때
   나. 체포 · 구속영장과 압수 · 수색영장을 집행하는 과정에서 군사경찰의 직무집행에 대하여 항거하거나 도주하려고 할 때
   다. 제3자가 가목 또는 나목에 해당하는 사람을 도주시키려고 군사경찰에게 항거할 때
   라. 범인이나 소요를 일으킨 사람이 무기 · 흉기 등 위험한 물건을 지니고 군사경찰로부터 3회 이상 물건을 버리라는 명령이나 항복하라는 명령을 받고도 따르지 아니하면서 계속 항거할 때

② 군사경찰은 무기를 사용할 때 무기 사용을 야기한 자와 관계없는 자에게 피해가 발생하지 아니하도록 하여야 하며, 주위의 정황상 무기의 사용이 필요하지 아니하게 된 때에는 즉시 그 사용을 중지하여야 한다.

③ 군사경찰은 제1항에 따라 무기를 사용한 때에는 그 사유 및 상황을 지체 없이 소속 군사경찰부대의 지휘관에게 보고하고, 소속 군사경찰부대의 지휘관은 그 상급부대의 지휘관에게 지체 없이 보고하여야 한다.

제7절 손실보상

만약 군사경찰의 적법한 직무집행으로 인하여 손실을 입은 사람에게 정당한 보상을 하여야 하는데 손실보상 대상은 손실발생의 원인에 대하여 책임이 없는 사람이 생명, 신체 또는 재산상의 손실을 입은 경우(손실발생의 원인에 대하여 책임이 없는 사람이 군사경찰의 직무집행에 자발적으로 협조하거나 물건을 제공하여 생명, 신체 또는 재산상의 손실을 입은 경우를 포함), 손실발생의 원인에 대하여 책임이 있는 사람이 자신의 책임에 상응하는 정도를 초과하는 생명, 신체 또는 재산상의 손실을 입은 경우인데, 이때 보상을 청구할 수 있는 권리는 손실이 있음을 안 날부터 3년, 손실이 발생한 날부터 5년간 행사하지 아니하면 시효의 완성으로 소멸한다.[14)]

제8절 인권지도 및 감독

군사경찰부대의 지휘관은 소속 군사경찰이 직무를 수행하는 과정에서 인권을 침해하지 아니하도록 지도하고 인권을 침해하였는지 여부를 감독할 책임이 있다.

만약 군사경찰부대장이 소속 군사경찰의 인권침해와 관련된 사실을 인지할 경우 이를 군인권보호관(여기에서 말하는 군인권보호관은 국가인권위원회에 설치된 기구를 말한다) 또는 인권담당 군법무관에게 통보하고 적절한 조치를 취하여야 한다.[15)]

---

14) 군사경찰의 직무수행에 관한 법률 제17조(손실보상) ① 국가는 군사경찰의 적법한 직무집행으로 인하여 다음 각 호의 어느 하나에 해당하는 손실을 입은 사람에게 정당한 보상을 하여야 한다.

1. 손실발생의 원인에 대하여 책임이 없는 사람이 생명·신체 또는 재산상의 손실을 입은 경우(손실발생의 원인에 대하여 책임이 없는 사람이 군사경찰의 직무집행에 자발적으로 협조하거나 물건을 제공하여 생명·신체 또는 재산상의 손실을 입은 경우를 포함한다)
2. 손실발생의 원인에 대하여 책임이 있는 사람이 자신의 책임에 상응하는 정도를 초과하는 생명·신체 또는 재산상의 손실을 입은 경우

② 제1항에 따른 보상을 청구할 수 있는 권리는 손실이 있음을 안 날부터 3년, 손실이 발생한 날부터 5년간 행사하지 아니하면 시효의 완성으로 소멸한다.

③ 제1항에 따른 손실보상신청 사건을 심의하기 위하여 국방부장관 소속으로 손실보상심의위원회를 둔다.

④ 손실보상의 기준, 보상금액, 지급절차 및 방법, 손실보상심의위원회의 구성 및 운영, 그 밖에 필요한 사항은 대통령령으로 정한다.

15) 군사경찰의 직무수행에 관한 법률 제18조(인권지도 및 감독) 군사경찰부대의 지휘관은 소속

제9절 벌칙

마지막으로 군사경찰은 군사경찰직무법상 규정된 의무를 위반하거나 직권을 남용하여 다른 사람에게 피해를 끼친 경우 1년 이하의 징역 또는 1천만원 이하의 벌금에 처해지게 된다.

또한, 술에 취한 상태에 있다고 인정할 만한 상당한 이유가 있는 사람으로서 군사경찰의 측정 요구에 따르지 아니한 경우는 1년 이상 5년 이하의 징역이나 500만원 이상 2천만원 이하의 벌금에 처해진다.

그리고 군사경찰의 측정 요구에 따르지 아니한 채로 선박(같은 호 각 목의 어느 하나에 해당하는 외국선박을 포함)의 조타기를 조작하거나 그 조작을 지시한 운항자 또는 도선을 한 자와 항공기를 조작한 항공종사자는 3년 이하의 징역 또는 3천만원 이하의 벌금에 처해진다.[16)]

군사경찰이 직무를 수행하는 과정에서 인권을 침해하지 아니하도록 지도하고 인권을 침해하였는지 여부를 감독할 책임이 있으며 인권침해와 관련된 사실을 인지할 경우 이를 군인권보호관 또는 「군인사법」 제59조의2에 따른 인권담당 군법무관에게 통보하고 적절한 조치를 취하여야 한다.

16) 군사경찰의 직무수행에 관한 법률 제19조(벌칙) ① 이 법에 규정된 군사경찰의 의무를 위반하거나 직권을 남용하여 다른 사람에게 피해를 끼친 군사경찰에 대해서는 1년 이하의 징역 또는 1천만원 이하의 벌금에 처한다.

② 술에 취한 상태에 있다고 인정할 만한 상당한 이유가 있는 사람으로서 제10조 제2항에 따른 군사경찰의 측정 요구에 따르지 아니한 사람은 1년 이상 5년 이하의 징역이나 500만원 이상 2천만원 이하의 벌금에 처한다.

③ 제10조 제2항을 위반하여 군사경찰의 측정 요구에 따르지 아니한 「선박직원법」 제2조 제1호에 따른 선박(같은 호 각 목의 어느 하나에 해당하는 외국선박을 포함한다)의 조타기를 조작하거나 그 조작을 지시한 운항자 또는 도선을 한 자와 「항공안전법」 제2조 제1호에 따른 항공기를 조작한 항공종사자는 3년 이하의 징역 또는 3천만원 이하의 벌금에 처한다.

군형법

제1절 개관

1. 군형법의 의의

군형법이란 군사(軍事) 범죄와 형벌에 관한 법률로 군내 조직과 규율, 지휘 통솔에 관한 거부, 침해 등을 제재하기 위한 것으로 1962년 1월 20일 국가재건최고회의 입법으로 제정·공포된 법률이다(법률 제1003호, 1962. 1. 20., 공포).

이러한 군형법 제정 목적에 관하여 당시 재건최고회의의 심의과정에서 "기존 국방경비법과 해안경비법은 정부수립 이전에 제정된 과도정부 법률로 현재 실정에 맞지 않는 점이 허다할 뿐 아니라 실체법 규정과 절차법 규정들이 혼합되어 법체계상에 있어서 불합리한 점이 있으므로 금번 구법령 정비사업으로 기존 국방경비법과 해안경비법에 대치하여 육해공군 공통 적용할 통일법전으로서 군형법을 제정한다"고 밝힌 바 있다.

이후, 1987년 군법회의법에서 군사법원법으로 개칭한 뒤 총 10여 회 개정을 통해 법정형 변경, 일반 형법상 처벌조항을 반영하는 등의 변화를 겪어왔다.

2. 군형법과 형법의 관계

군형법은 기본적으로 형법총칙을 전제로 한다.[1] 단, 형법에 규정된 내용과 다른 사항을 특별히 규정하는 경우에는 특별법 우선 원칙에 의거, 군형법이 형법에 우선하여 적용된다.

즉, 군형법 적용 대상자에 대한 형벌 집행 중 사형의 경우 형법의 경우에는 교수형으로 집행하지만,[2] 군형법의 경우에는 총살로써 집행하는 경우가 그러하다.[3] 단, 기존에는 관할관(관할관이란 장성급 장교로서 지휘관 직책을 수행하는 경우에 군사법권을 행사할 권한을 가진 사람을 말하는 것으로 군사법원법 등 개정으로 평시에는 권한행사가 제한되고 전시에만 가능하다)이 이를 지정하여 집행할 수 있었으나, 법률 개정으로 각군 참모총장만이 이를 지정하여 집행할 수 있도록 변경되었다.

3. 군형법 적용대상

군형법은 기본적으로 군인, 준군인에게 적용되는 것이 원칙이다. 단, 전환복무 중인 병은 제외토록 규정하고 있다.[4] 여기에서 전환복무라 함은 현역병으로 복무 중인 사람을 의무 경찰대원, 의무 소방대원 등의 임무에 종사토록 하는 것을 의미한다.[5]

---

1) 형법 제8조 (총칙의 적용) 본법 총칙은 타법령에 정한 죄에 적용한다. 단, 그 법령에 특별한 규정이 있는 때에는 예외로 한다.

2) 형법 제66조(사형) 사형은 교정시설 안에서 교수하여 집행한다.

3) 군형법 제3조(사형 집행) 사형은 소속 군 참모총장이 지정한 장소에서 총살로써 집행한다.

4) 군형법 제1조(적용대상자) ① 이 법은 이 법에 규정된 죄를 범한 대한민국 군인에게 적용한다. ② 제1항에서 “군인”이란 현역에 복무하는 장교, 준사관, 부사관 및 병(兵)을 말한다. 다만, 전환복무(轉換服務) 중인 병은 제외한다.

5) 병역법 제25조(추천에 의한 전환복무) ① 국방부장관은 다음 각 호의 어느 하나에 해당할 경우에는 그 추천을 받은 사람을 현역병지원자로 보고 지방병무청장으로 하여금 이들을 입영하게 하여 정하여진 군사교육을 마치게 한 후 전환복무시킬 수 있다.

   1. 소방청장으로부터 「의무소방대설치법」 제3조 제2항에 따라 소방업무의 보조를 임무로 하는 의무소방원 임용예정자를 추천받은 경우
   2. 경찰청장 또는 해양경찰청장으로부터 「의무경찰대 설치 및 운영에 관한 법률」 제3조에 따라 대간첩작전 수행과 치안업무의 보조를 임무로 하는 의무경찰 임용예정자와 경찰대학 졸업예정자로서 의무경찰대에 복무할 사람을 추천받은 경우

그리고 준군인이란 군무원, 군적을 가진 군(軍) 학교 학생, 생도와 사관후보생, 부사관 후보생 및 병역법[6]에 따른 군적을 가지는 재영 중인 학생을 말한다. 여기에서 소집 중이란 소집영장을 받고 지정된 장소에서 병역에 종사하는 사람이다.

또한, 예외적으로 민간인(내외국 일반인)에게 적용되기도 한다.[7] 이에 따라 군형법 제13조 제2항 및 제3항(요새지등 안에서의 간첩), 제42조(유해 음식물 공급) 제54조(초병에 대한 폭행, 협박) 내지 제56조(초병에 대한 특수 폭행, 협박), 제58조(초병에 대한 폭행치사상), 제58조의2(초병에 대한 상해) 내지 제58조의6(초병에 대한 상해치사), 제59조(초병살해와 예비, 음모), 제66조(군용시설 등에 대한 방화) 내지 제71조(함선·항공기의 복몰 또는 손괴), 제75조 제1항 제1호(군용물에 관한 재산범죄 중 총포, 탄약, 폭발물을 객체로 하는 경우), 제78조(초소침범), 제87조(간수자의 포로 도주 원조) 내지 제90조(도주포로 비호)의 각 죄를 범한 일반 내외국인에게 군형법을 적용하게 된다.

---

6) 병역법 제57조(학생군사교육 등) ① 고등학교 이상의 학교에 다니는 학생에 대하여는 대통령령으로 정하는 바에 따라 일반군사교육을 할 수 있으며, 그 군사교육을 받은 사람에 대하여는 현역병(제21조 및 제25조에 따라 복무 중인 사람을 포함한다) 또는 사회복무요원의 복무기간을 단축할 수 있다.

② 고등학교 이상의 학교에 학생군사교육단 사관후보생 또는 부사관후보생과정을 둘 수 있으며 그 과정을 마친 사람은 현역의 장교 또는 부사관의 병적에 편입할 수 있다.

7) 군형법 제1조(적용대상자) ④ 다음 각 호의 어느 하나에 해당하는 죄를 범한 내국인·외국인에 대하여도 군인에 준하여 이법을 적용한다.

1. 제13조 제2항 및 제3항의 죄
2. 제42조의 죄
3. 제54조부터 제56조까지, 제58조, 제58조의2부터 제58조의6까지 및 제59조의 죄
4. 제66조부터 제71조까지의 죄
5. 제75조 제1항 제1호의 죄
6. 제77조의 죄
7. 제78조의 죄
8. 제87조부터 제90조까지의 죄
9. 제13조 제2항 및 제3항의 미수범
10. 제58조의2부터 제58조의4까지의 미수범
11. 제59조 제1항의 미수범
12. 제66조부터 제70조까지 및 제71조 제1항·제2항의 미수범
13. 제87조부터 제90조까지의 미수범

제2절 각론

1. 이탈에 관한 죄

군형법에서는 군인 등이 본인의 임무를 포기하고 부대나 직무를 이탈하는 행위를 범죄로 처벌하도록 규정하고 있다. 즉, 지휘관이나 초병임무 수행자가 정당한 이유없이 수소(守所)를 이탈하여 성립하는 수소 이탈의 죄,[8] 군무(軍務)를 기피할 의도를 가지고 부대나 직무에서 이탈함으로써 성립하는 군무 이탈의 죄,[9] 정당한 허가권자의 승인없이 근무지 또는 지정된 장소를 이탈함으로써 죄가 성립하는 무단 이탈의 죄[10]가 바로 그러하다.

물론 이탈에 관한 죄 중 가장 일반적인 규정은 무단이탈죄가 되겠으나, 무단이탈죄는 위령의 죄에 관한 군형법 제12장에 규정되어 있다. 즉, 무단이탈죄는 이탈의 죄이기는 하지만 특성상 군무이탈과 성질이 다소 차이가 있는 것이며, 일시적으로 정당한 허가없이 직무를 이탈한 것을 처벌함으로써 일탈행위를 근절하는 것이 목적이라 하겠다.

---

8) 군형법 제27조(지휘관의 수소 이탈) 지휘관이 정당한 사유 없이 부대를 인솔하여 수소를 이탈하거나 배치구역에 임하지 아니한 경우에는 다음 각 호의 구분에 따라 처벌한다.
1. 적전인 경우: 사형
2. 전시, 사변 시 또는 계엄지역인 경우: 사형, 무기 또는 5년 이상의 징역 또는 금고
3. 그 밖의 경우: 3년 이하의 징역 또는 금고.
군형법 제28조(초병의 수소 이탈) 초병이 정당한 사유 없이 수소를 이탈하거나 지정된 시간까지 수소에 임하지 아니한 경우에는 다음 각 호의 구분에 따라 처벌한다.
1. 적전인 경우: 사형, 무기 또는 10년 이상의 징역
2. 전시, 사변 시 또는 계엄지역인 경우: 1년 이상의 유기징역 3. 그 밖의 경우: 2년 이하의 징역

9) 군형법 제30조(군무 이탈) ① 군무를 기피할 목적으로 부대 또는 직무를 이탈한 사람은 다음 각 호의 구분에 따라 처벌한다.
1. 적전인 경우: 사형, 무기 또는 10년 이상의 징역
2. 전시, 사변 시 또는 계엄지역인 경우: 5년 이상의 유기징역
3. 그 밖의 경우: 1년 이상 10년 이하의 징역
② 부대 또는 직무에서 이탈된 사람으로서 정당한 사유 없이 상당한 기간 내에 부대 또는 직무에 복귀하지 아니한 사람도 제1항의 형에 처한다.

10) 군형법 제79조(무단 이탈) 허가 없이 근무장소 또는 지정장소를 일시적으로 이탈하거나 지정한 시간까지 지정한 장소에 도달하지 못한 사람은 1년 이하의 징역이나 금고 또는 300만원 이하의 벌금에 처한다.

반면, 군무이탈은 일시적인 개인 일탈 근절이 아니라 군무를 기피할 목적을 가진 군인 등에 대하여 처벌함으로써 군의 전투력을 보존하고 유지하는 데 핵심적인 역할을 하는 것이라고 할 수 있다.

2. 항명, 명령위반에 관한 죄

군형법에서 규율하는 항명의 죄는 상관의 정당한 명령권을 거부하는 행위[11]와 군에서 작전수행, 훈련 등에 있어서 필요한 각종 지침 및 규정 등을 어기는 행위를 명령위반죄로 처벌하고 있다.[12] 다만, 항명죄는 직무상 개인 소속 직속상관인 자가 발하는 명령에 위반하는 행위를 처벌하기에 처벌대상에 해당하는 범위가 협소하고 구체적인 명령에 대한 불응 행위를 벌하지만, 명령위반죄는 직속 상관이 자신의 부하에게 발하는 것이 아니라 일반적으로 지침, 예규 등으로 발령하는 내용을 위반하는 경우 처벌하므로 적용 대상이 넓을 뿐만 아니라 위반 내용도 다양하다고 하겠다.

특이한 점은 위 2가지 범죄는 일반 공무원 조직이나 회사에서는 형사처벌 대상이 아닌 것을 형사벌로 규율함으로써 엄정한 군기확립을 강조하고 있는 것이다. 실제로 군은 극한의 상황에 있어서 자신의 생명을 담보로 임무를 수행하게 되므로 엄격한 지휘통솔이 필수라는 점에서 강력한 제재수단이 필요하다는 특성을 반영한 죄이기도 하다.

3. 군용물에 관한 죄

군형법상 군용물에 관한 범죄는 군용(軍用)에 공하는 시설, 물건을 방화하거나 손괴 및 과실로 분실, 횡령 및 절도하는 등의 행위로 군내 질서를 어지럽히거나 군용 물자를 부족하게 하여 전력을 약화시키는 행위를 범죄로 처벌하고 있다.

---

11) 군형법 제44조(항명) 상관의 정당한 명령에 반항하거나 복종하지 아니한 사람은 다음 각 호의 구분에 따라 처벌한다.
   1. 적전인 경우: 사형, 무기 또는 10년 이상의 징역
   2. 전시, 사변 시 또는 계엄지역인 경우: 1년 이상 7년 이하의 징역
   3. 그 밖의 경우: 3년 이하의 징역

12) 군형법 제47조(명령 위반) 정당한 명령 또는 규칙을 준수할 의무가 있는 사람이 이를 위반하거나 준수하지 아니한 경우에는 2년 이하의 징역이나 금고에 처한다.

특이한 것은 일반 형법상에서는 처벌하지 않는 과실에 의한 손괴 등[13]이나 군용물 분실죄[14] 역시 군형법에서는 처벌대상으로 삼고 있다는 점이다. 또한, 교통사고의 경우에도 일반 차량은 사망이나 중상해 및 주요 과실사고가 아닌 경우 보험처리를 통하여 공소권 없음 처분이 될 수 있는 사안의 경우라고 해도 군형법에서는 군용차량에 대하여 과실에 의해 교통사고 발생시 보험 처리 여부와 관계없이 과실 군용물 손괴죄로 처벌될 수 있다는 점이다(물론 피해 금액이 소액이고 과실이 크지 않은 경우 내부 수사지침 등에 의거하여 형사불처벌하는 경우가 있다).

또한, 본래 군형법이 군인, 군무원 등의 경우에만 적용되지만 본 장의 죄에 있어서는 군용물분실죄 등을 제외하고는 민간인의 범죄 행위에도 적용된다.

그리고 주한미군과 같이 국군과 공동작전에 종사하고 있는 외국군 군용시설이나 군용물에 대해서도 동일하게 군형법이 적용된다.[15]

4. 폭행, 협박, 상해, 살인의 죄

군형법은 일반 형법과 달리 상관, 초병, 직무수행자에 대한 폭행, 협박, 상해, 살인 등을 가중하여 처벌하고 있는 특징이 있다. 즉, 신분에 따라 처벌의 형량이 달라진다는 것이다(이러한 특징에 대하여 혹자는 경찰관이나 공무원 등에 대하여 직무집행시 폭행을 한 자를 특수공무집행방해 혐의와 비교하여 설명하기도 하지만 군형법상의 그것은 직무수행자 외에 신분별로 초병, 상관까지도 별도로 처벌 조항을 두고 있어 차이가 있다).

그리고 형법상 폭행죄와 달리 군형법상 군사기지, 군사시설, 군용항공기, 군용함선 등에서의 군인 등을 대상으로 이루어지는 폭행죄는 형법상 반의사 불벌죄가 적용되지 않도록 하는 특례조항을 두고 있다.[16]

---

13) 군형법 제73조(과실범) ① 과실로 인하여 제66조부터 제71조까지의 죄를 범한 사람은 5년 이하의 징역 또는 300만원 이하의 벌금에 처한다.

14) 군형법 제74조(군용물 분실) 총포, 탄약, 폭발물, 차량, 장구, 기재, 식량, 피복 또는 그 밖에 군용에 공하는 물건을 보관할 책임이 있는 사람으로서 이를 분실한 사람은 5년 이하의 징역 또는 300만원 이하의 벌금에 처한다.

15) 군형법 제77조(외국의 군용시설 또는 군용물에 대한 행위) 이 장의 규정은 국군과 공동작전에 종사하고 있는 외국군의 군용시설 또는 군용에 공하는 물건에 대한 행위에도 적용한다.

16) 군형법 제60조의6(군인등에 대한 폭행죄, 협박죄의 특례) 군인등이 다음 각 호의 어느 하나에 해당하는 장소에서 군인등을 폭행 또는 협박한 경우에는 「형법」 제260조 제3항 및 제283조 제3항을 적용하지 아니한다.

1. 「군사기지 및 군사시설 보호법」 제2조 제1호의 군사기지

또한, 특이하게도 초병에 대한 폭행, 협박, 상해, 살인 등의 경우에는 민간인 신분이라고 해도 군형법상 적용 대상으로 규율하고 있다.[17)]

5. 군형법상 명예 등에 관한 죄

군 조직에서는 상관 등에 대한 명예가 훼손될 경우 군기문란 및 지휘통솔력 저하 등을 우려하여 일반 형법상의 모욕죄, 명예훼손죄에 비하여 가중하여 처벌하고 있다.

또한, 일반 형법과 달리 군형법상 모욕죄의 경우 면전 모욕죄를 별도로 규정하여 해당 조항에 대해서는 공연성을 요구하지 않으며 친고죄가 아니므로 피해자의 의사와 관계없이 처벌되며,[18)] 이는 명예훼손죄에 있어서도 동일한 것으로 형법상의 반의사불벌에 관한 특례규정이 군형법상에서는 적용되지 않고,[19)] 법률상 위법성 조각사유도 별도의 규정이 부재하다.[20)]

6. 직무에 관한 죄

군형법은 특이하게도 일반 형법으로 처벌하지 않는 근무태만 행위에 대해서 별도의 처벌규정을 두고 있다. 즉, 장교나 지휘관 등이 자신의 직책에 충실하지 아니하거나 직무상 의무에 위반함으로써 전투준비를 게을리 한 경우 등에 대하여 형사처벌을 하고 있는 것이다.

또한, 위와 관련된 범죄유형에는 군형법상 근무태만, 비행군기문란, 위계로 인한 항행위험, 거짓명령과 전달 및 통보·보고, 유해 음식물 공급 및 출병거부 등이 있

---

2. 「군사기지 및 군사시설 보호법」 제2조 제2호의 군사시설
3. 「군사기지 및 군사시설 보호법」 제2조 제5호의 군용항공기
4. 군용에 공하는 함선

17) 군형법 제1조(적용대상자) ④ 다음 각 호의 어느 하나에 해당하는 죄를 범한 내국인·외국인에 대하여도 군인에 준하여 이 법을 적용한다.
3. 제54조부터 제56조까지, 제58조, 제58조의2부터 제58조의6까지 및 제59조의 죄

18) 형법 제312조(고소와 피해자의 의사) ① 제308조와 제311조의 죄는 고소가 있어야 공소를 제기할 수 있다.

19) 형법 제312조(고소와 피해자의 의사) ② 제307조와 제309조의 죄는 피해자의 명시한 의사에 반하여 공소를 제기할 수 없다.

20) 형법 제310조(위법성의 조각) 제307조 제1항의 행위가 진실한 사실로서 오로지 공공의 이익에 관한 때에는 처벌하지 아니한다.

다고 하겠다.

그리고 근무기피 목적 사술[21]의 경우와 같이 근무를 기피할 목적으로 자신의 신체를 상해하거나 질병을 가장하는 등의 행위처럼 실제로 개인의 고충호소에 기인한 것인지 여부에 관한 것까지도 그 의도에 근무기피 목적이 있다면 형사처벌 대상으로 규율하고 있다.

7. 위령에 관한 죄

군형법상 위령에 관한 죄는 법령, 규칙 또는 명령을 직접 또는 간접적으로 위반하는 죄를 의미하는데 항명의 죄에 규율된 사항을 제외한 기타의 죄를 말한다.

예를 들어, 군형법상 초령위반[22]의 경우 정당한 사유 없이 정하여진 규칙에 따르지 아니하고 초병을 교체하게 하거나 교체한 사람, 초병이 잠을 자거나 술을 마신 경우 등에 있어서 형사처벌 대상으로 규율하고 있는데, 이는 앞서 기술한 무단이탈의 죄와 마찬가지로 엄정한 기율을 확립하여 개인 일탈행위 근절을 목적으로 한다고 하겠다.

8. 항복과 도피에 관한 죄

군형법은 지휘관의 권한을 보장하되 그 책임의 막중함을 고려하여 지휘관이 임무에 위배하거나 자신에게 주어진 책임을 다하지 않은 경우, 특히 적에게 항복 또

21) 군형법 제41조(근무 기피 목적의 사술) ① 근무를 기피할 목적으로 신체를 상해한 사람은 다음 각 호의 구분에 따라 처벌한다.
1. 적전인 경우: 사형, 무기 또는 5년 이상의 징역
2. 그 밖의 경우: 3년 이하의 징역
② 근무를 기피할 목적으로 질병을 가장하거나 그 밖의 위계(僞計)를 한 사람은 다음 각호 구분에 따라 처벌한다.
1. 적전인 경우: 10년 이하의 징역
2. 그 밖의 경우: 1년 이하의 징역

22) 군형법 제40조(초령 위반) ① 정당한 사유 없이 정하여진 규칙에 따르지 아니하고 초병을 교체하게 하거나 교체한 사람은 다음 각 호의 구분에 따라 처벌한다.
1. 적전인 경우: 사형, 무기 또는 2년 이상의 징역
2. 전시, 사변 시 또는 계엄지역인 경우: 5년 이하의 징역
3. 그 밖의 경우: 2년 이하의 징역
② 초병이 잠을 자거나 술을 마신 경우에도 제1항의 형에 처한다.

는 도피하는 경우 최대 사형에 처하는 등 강하게 규율하고 있다.[23]

즉, 지휘관이 그 할 바를 다하지 아니하고 적에게 항복하거나 부대, 요새, 진영, 함선 또는 항공기를 적에게 방임한 경우 또는 적전에서 그 할 바를 다하지 아니하고 부대를 인솔하여 도피한 경우에는 사형에 처하도록 하고 있는데, 지휘관이라는 직책의 중요성을 감안하여 엄중한 책임을 지우는 데 목적이 있다고 하겠다.

9. 지휘권 남용의 죄

군형법에서는 지휘관이 병력 통솔에 관한 권한을 남용한 경우 정당한 사유 등이 없다면 그 위험성을 고려하여 엄중하게 처벌하고 있다.

이는 형법상 일반 공무원이 직권남용죄로 의율되는 것에 비해 사형에 처하도록 하는 등 비교하기 어려울 정도로 엄정하게 처벌할 뿐 아니라 미수범까지도 그 처벌대상에 포함하고 있다.[24]

예를 들어, 지휘관이 정당한 사유 없이 외국에 대하여 전투를 개시한 경우 또는 휴전 또는 강화 고지를 받고도 정당한 사유 없이 전투를 계속한 경우에는 사형에 처한다.[25]

---

23) 군형법 제22조(항복) 지휘관이 그 할 바를 다하지 아니하고 적에게 항복하거나 부대, 요새, 진영, 함선 또는 항공기를 적에게 방임(放任)한 경우에는 사형에 처한다.

군형법 제23조(부대 인솔 도피) 지휘관이 적전에서 그 할 바를 다하지 아니하고 부대를 인솔하여 도피한 경우에는 사형에 처한다.

군형법 제24조(직무유기) 지휘관이 정당한 사유 없이 직무수행을 거부하거나 직무를 유기(遺棄)한 경우에는 다음 각 호의 구분에 따라 처벌한다.

1. 적전의 경우: 사형
2. 전시, 사변 시 또는 계엄지역인 경우: 5년 이상의 유기징역 또는 유기금고
3. 그 밖의 경우: 3년 이하의 징역 또는 금고

24) 군형법 제21조(미수범) 이 장의 미수범은 처벌한다.

25) 군형법 제18조(불법 전투 개시) 지휘관이 정당한 사유 없이 외국에 대하여 전투를 개시한 경우에는 사형에 처한다.

군형법 제19조(불법 전투 계속) 지휘관이 휴전 또는 강화(講和)의 고지를 받고도 정당한 사유 없이 전투를 계속한 경우에는 사형에 처한다.

군형법 제20조(불법 진퇴) 전시, 사변 시 또는 계엄지역에서 지휘관이 권한을 남용하여 부득이한 사유 없이 부대, 함선 또는 항공기를 진퇴(進退)시킨 경우에는 사형, 무기 또는 7년 이상의 징역이나 금고에 처한다.

10. 이적에 관한 죄

군형법은 이미 형법상 이적의 죄가 있음에도 불구하고 이를 가중하여 처벌하고 있다. 즉, 형법상 일반이적죄의 경우 무기 또는 3년 이상의 징역에 처하도록 규정하지만 군형법은 사형, 무기 또는 5년 이상의 징역에 처하도록 규정하고 있다.

또한, 특이하게 형법상 존재하지 않는 이적죄의 유형도 포함하고 있는데, 즉 군대 요새, 진영 또는 군용에 공하는 함선이나 항공기 또는 그 밖의 장소, 설비 또는 건조물을 적에게 제공하거나 병기, 탄약 또는 그 밖에 군용에 공하는 물건을 적에게 제공 또는 적을 위하여 군용시설 또는 그 밖의 물건을 파괴하거나 사용할 수 없게 한 경우 사형에 처하도록 규정하고 있는 것이다.[26)]

11. 약탈에 관한 죄

군형법에서는 전쟁 등의 상황시 약탈의 죄라 하여 주민 또는 전사상자의 재물을 약탈하거나 부녀를 강간하는 행위를 엄중하게 처벌하도록 하고 있다.

이는 전시에 전투지역 또는 점령지 내에서는 국적 여하를 막론하고 주민을 보호하고 전사상자를 존중하기 위한 국제법상 취지를 반영하였다고 볼 수 있다.

그리고 약탈로 인한 치사상 및 위 범죄의 미수범까지도 처벌대상으로 규정하고 있어서 엄중한 전쟁법 준수를 강조하고 있다.[27)]

---

26) 군형법 제11조(군대 및 군용시설 제공) ① 군대 요새(要塞), 진영(陣營) 또는 군용에 공하는 함선이나 항공기 또는 그 밖의 장소, 설비 또는 건조물을 적에게 제공한 사람은 사형에 처한다.
② 병기, 탄약 또는 그 밖에 군용에 공하는 물건을 적에게 제공한 사람도 제1항의 형에 처한다.
군형법 제12조(군용시설 등 파괴) 적을 위하여 제11조에 규정된 군용시설 또는 그 밖의 물건을 파괴하거나 사용할 수 없게 한 사람은 사형에 처한다.

27) 군형법 제82조(약탈) ① 전투지역 또는 점령지역에서 군의 위력 또는 전투의 공포를 이용하여 주민의 재물을 약취(掠取)한 사람은 무기 또는 3년 이상의 징역에 처한다.
② 전투지역에서 전사자 또는 전상병자의 의류나 그 밖의 재물을 약취한 사람은 1년 이상의 유기징역에 처한다.
군형법 제83조(약탈로 인한 치사상) ① 제82조의 죄를 범하여 사람을 살해하거나 사망에 이르게 한 사람은 사형 또는 무기징역에 처한다.
② 제82조의 죄를 범하여 사람을 상해하거나 상해에 이르게 한 사람은 무기 또는 7년 이상의 징역에 처한다.
군형법 제84조(전지 강간) ① 전투지역 또는 점령지역에서 사람을 강간한 사람은 사형에 처한다.
군형법 제85조(미수범) 이 장의 미수범은 처벌한다.

12. 포로에 관한 죄

군형법에서는 전쟁상황을 고려하여 포로에 관한 죄를 별도로 규정하고 있는데, 이는 포로의 억류질서를 파괴하여 적 포로를 도주하게 함으로써 적군의 전투력을 증가시키는 행위를 처벌하고 반대로 포로로 억류되어 있는 아군이 귀환할 수 있음에도 고의적으로 귀환하지 아니함으로써 아군의 전투력 증강의 기회를 상실하게 하는 행위를 처벌함으로써 적과 아군의 전력의 유불리 등을 감안하도록 하고 전투의지 확립을 목적으로 한다고 하겠다.

예를 들어, 포로 불귀환 및 포로귀환 방해, 간수자 포로 도주원조, 일반 포로도주 원조, 포로 탈취, 도주 포로 은닉비호 등의 행위를 처벌하며 심지어 그 행위의 심각성을 감안하여 미수범까지도 처벌하고 있다.[28]

13. 강간과 추행에 관한 죄[29]

군형법은 일반 형법상 강간, 강제추행 등의 범죄를 가중하여 처벌하고 있다. 본래 군형법은 이에 대한 별도 규정이 존재하지 않았으나, 2009년 11월 2일 군형법 개정을 통하여 군인 등을 대상으로 하는 성범죄에 대하여 조문을 신설한 것이다.

또한, 신설 당시에는 친고죄로 규정하였으나 형법상 친고죄 규정 삭제를 고려하여 2013년 4월 5일부로 친고죄 규정을 삭제하였다.

---

28) 군형법 제86조(포로) 적에게 포로가 된 사람이 우군(友軍)부대 또는 진지로 귀환할 수 있는데도 귀환할 적절한 행동을 하지 아니하거나 다른 우군포로가 귀환하지 못하게 한 사람은 2년 이하의 징역에 처한다.

군형법 제87조(간수자의 포로 도주 원조) 포로를 간수 또는 호송하는 사람이 그 포로를 도주하게 한 경우에는 3년 이상의 유기징역에 처한다.

군형법 제88조(포로 도주 원조) ① 포로를 도주하게 한 사람은 10년 이하의 징역에 처한다. ② 포로를 도주시킬 목적으로 포로에게 기구를 제공하거나 그 밖에 그 도주를 용이하게 하는 행위를 한 사람은 7년 이하의 징역에 처한다.

군형법 제89조(포로 탈취) 포로를 탈취한 사람은 2년 이상의 유기징역에 처한다.

군형법 제90조(도주포로 비호) 도주한 포로를 숨기거나 비호한 사람은 5년 이하의 징역에 처한다.

군형법 제91조(미수범) 제87조부터 제90조까지의 미수범은 처벌한다.

29) 군형법 제15장 강간과 추행의 죄 <개정 2009. 11. 2.>

참고로 군형법은 군기유지를 위해서 합의에 의한 성관계 등의 경우라고 해도 동성간 성관계를 추행죄로 별도로 처벌하는 규정을 두고 있다.[30)]

단, 대법원에서 전원합의체 판결을 통하여 그 적용의 한계를 인정하였다. 본래 원심에서는 군형법 제92조의6이 자발적 합의로 이루어진 행위에도 적용되고 동성간 행위에도 적용된다면서 동성 군인이 합의하여 영외에서 사적 공간 내부의 항문성교를 비롯한 성행위를 하는 경우는 처벌대상이라고 판단하였으나, 대법원은 이를 제한적으로 해석하면서 "군형법 제92조의6의 문언, 개정 연혁, 보호법익과 헌법 규정을 비롯한 전체 법질서의 변화를 종합적으로 고려하면 위 규정은 동성인 군인 사이의 항문성교나 그 밖에 이와 유사한 행위가 사적 공간에서 자발적인 의사합치에 따라 이루어지는 등 군이라는 공동사회의 건전한 생활과 군기를 직접적, 구체적으로 침해한 것으로 보기 어려운 경우에는 적용되지 않는다"고 판시하면서 "군인이 사적인 공간인 자신의 숙소에서 자유로운 의사의 합치에 따른 성행위를 한 사안인 경우는 기존의 처벌을 해오던 판례를 변경한다"는 입장을 취하였다.[31)]

이와 관련하여 국회에서는 동성 간의 합의에 의한 추행죄를 폐지하기 위하여 폐지 법률안을 입법발의하기도 하는 등 지속적으로 논란이 제기되고 있다.[32)]

14. 기타 범죄

이와 별도로 군형법은 특이하게도 부하가 다수 공동하여 죄를 범함을 알고도 그 진정을 위하여 필요한 방법을 다하지 아니한 경우 처벌하는 조항을 별도로 두고

---

30) 군형법 제92조의6(추행) 제1조 제1항부터 제3항까지에 규정된 사람에 대하여 항문성교나 그 밖의 추행을 한 사람은 2년 이하의 징역에 처한다.

31) 대법원 2022. 4. 21. 선고 2019도3047 전원합의체 판결 참조.

32) 발의일(2022.4.22.), 의안번호(2115378) 장혜영 의원 등 12인 군형법 제92조의6 삭제 등 군형법 개정안 제출, "제92조의6은 폭력성과 공연성이 없는 동성 간 성행위를 처벌함으로써 군인의 성적 자기결정권 및 사생활의 자유를 포함한 인권을 침해하는 조항입니다. 군은 이미 제92조의6을 제외한 다른 조항을 통해 군대 내 이성·동성군인 간 성폭력 및 군인에 의한 성폭력을 처벌하고 있습니다. 그러나 제92조의6은 동성 간의 합의된 성행위까지 처벌하므로, 동성애에 대한 차별과 혐오를 정당화하고 더 나아가 성소수자 군인을 색출하고 처벌하는 근거로도 활용되는 문제가 있습니다. 이에 동성애를 비범죄화하는 국제인권법적 추세에 따라 2012년 유엔국가별 보편적 정례검토(UPR)에서 제92조의6의 폐지를 권고했고, 2015년 11월 유엔 자유권규약위원회에서도 폐지를 권고하였습니다. 이에 제92조의6을 삭제해 성소수자 군인을 차별과 폭력으로부터 보호하고, 군인의 인권을 지키려는 것입니다(안 제92조의6 삭제)"

있으며, 군인이 정당이나 정치단체에 가입하는 등 정치관여의 행위를 하는 경우 처벌대상으로 규율함으로써 과거 군의 정치개입 행위를 근절하고자 하고 있다.[33] 특히 정치관여죄의 경우 벌금형이 없이 징역형과 자격정지를 병과하도록 하며 공소시효 역시 10년으로 별도 규정하고 있는 등 엄하게 처벌토록 하고 있다.

참고로 2020년 12월 24일에 군형법 일부 개정 법률안이 제출되었던 적이 있는데, 이는 헌법재판소가 공무원의 정치 운동 금지에 관한 규정 중 교원이 "그 밖의 정치단체"의 결성에 관여하거나 이에 가입할 수 없도록 한 부분을 명확성원칙에 위배된다는 이유로 위헌으로 결정[34]함에 따라, 위헌결정의 취지를 반영하여 군인이 가입할 수 없는 정치단체의 범위를 구체화하여 정치관여죄의 구성요건을 명확하게 하려는 것으로 "정당이나 정치단체"를 "정치단체(「군인의 지위 및 복무에 관한 기본법」 제33조 제1항에 따른 정치단체를 말하며, 이하 "정치단체"라 한다)"로 하고, 같은 항 제1호 중 "정당이나 정치단체"를 "정치단체"로 개정하기 위해 국회에 개정안이 계류 중이다(회기만료시 폐기예정).[35]

---

33) 군형법 제93조(부하범죄 부진정) 부하가 다수 공동하여 죄를 범함을 알고도 그 진정(鎭定)을 위하여 필요한 방법을 다하지 아니한 사람은 3년 이하의 징역이나 금고에 처한다.

군형법 제94조(정치 관여) ① 정당이나 정치단체에 가입하거나 다음 각 호의 어느 하나에 해당하는 행위를 한 사람은 5년 이하의 징역과 5년 이하의 자격정지에 처한다.

1. 정당이나 정치단체의 결성 또는 가입을 지원하거나 방해하는 행위
2. 그 직위를 이용하여 특정 정당이나 특정 정치인에 대하여 지지 또는 반대 의견을 유포하거나, 그러한 여론을 조성할 목적으로 특정 정당이나 특정 정치인에 대하여 찬양하거나 비방하는 내용의 의견 또는 사실을 유포하는 행위
3. 특정 정당이나 특정 정치인을 위하여 기부금 모집을 지원하거나 방해하는 행위 또는 국가·지방자치단체 및 「공공기관의 운영에 관한 법률」에 따른 공공기관의 자금을 이용하거나 이용하게 하는 행위
4. 특정 정당이나 특정인의 선거운동을 하거나 선거 관련 대책회의에 관여하는 행위
5. 「정보통신망 이용촉진 및 정보보호 등에 관한 법률」에 따른 정보통신망을 이용한 제1호부터 제4호에 해당하는 행위
6. 제1조 제1항부터 제3항까지에 규정된 사람이나 다른 공무원에 대하여 제1호부터 제5호까지의 행위를 하도록 요구하거나 그 행위와 관련한 보상 또는 보복으로서 이익 또는 불이익을 주거나 이를 약속 또는 고지(告知)하는 행위

② 제1항에 규정된 죄에 대한 공소시효의 기간은 「군사법원법」 제291조 제1항에도 불구하고 10년으로 한다.

34) 헌법재판소 2020. 4. 23. 선고 2018헌마551 결정.

35) 2021.4.30. 국회에 입법 발의되어 2022.9월 기준, 법안 계류 중이다.

군과학수사

제1절 군의 과학수사

국방부, 육군, 해군, 공군 등 군조직 역시 경찰이나 검찰 및 국립과학수사연구원처럼 과학수사 조직을 구축하여 운영 중인데, 그 수준 역시 국내외적으로 공인을 받을만큼 상당히 높은 편이다. 본 장에서는 이러한 군내 과학수사의 운영에 대해 소개하고자 한다.

제2절 육군 과학수사센터[1)]

육군본부 직속 육군수사단 과학수사센터(현재 육군은 전문수사부대 창설로 육군수사단 예하에 각 광역수사단과 중앙수사단 및 과학수사센터로 편성)는 의사(목매어 사망), 총기·폭발물 사고, 화재사고, 교통사고 등 각종 사건·사고 현장이 구현되어 있다. 실제로 군 사망사건 발생시 전문 감식팀을 구성, 현장 감식을 진행하는데, 이때 지문채취, 족적 등을 첨단장비를 활용해 감식한다. 지문의 경우 벽면의 색, 조명에 따라서 분과 광원을 달리하면 손쉽게 식별하며, 군에서 주로 발생하는 총기 사망사건의 경우 총기에서 발사된 흔적 채취(GSR; Gun Shut Residue) 키트를 이용하여 시신

1) “첨단 과학수사로 실체적 진실 규명 ‘끝까지 간다’”(국방일보, 2015.12.20., 이석종 기자).

의 손에 뇌관화약 등이 잔존하는지 감식한다. 또한, 화재로 인한 사건사고 현장은 화염과 연기의 방향, 내부 기자재의 배치상태에 따라서 화재의 발화점을 분석하며 배선에 물방울 모양이 눈에 띈다면 누전 등에 의한 화재를 판단하기도 한다.

▌지문채취 모습(인터넷 기사 발췌)

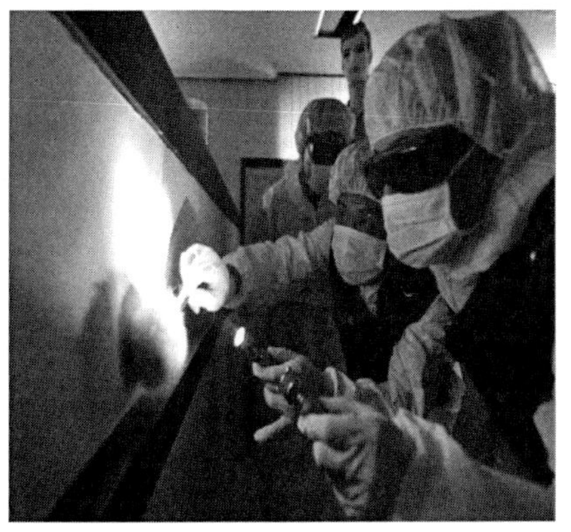

▌혈흔 분석(인터넷 기사 발췌)

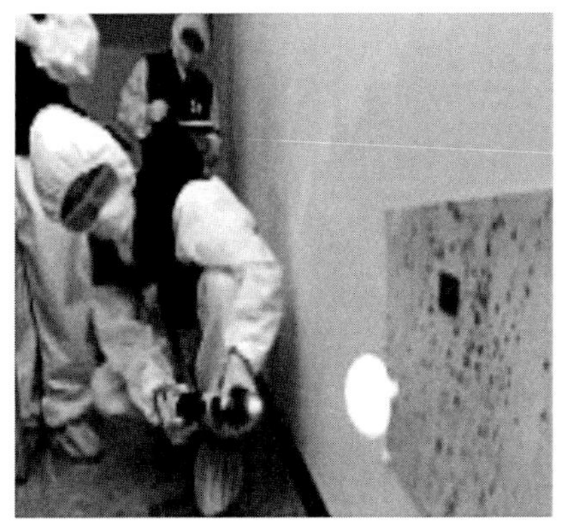

▌족흔적 분석(인터넷 기사 발췌)

▌화재 감식(인터넷 기사 발췌)

제3절 해군 및 육군 수중과학수사팀[2)3)]

해군 수중과학수사팀은 수색·구조, 인양, 수중 범죄 수사 등을 수행하는데, 물속에 잔류된 시신이나 각종 증거물 등을 수중 과학수사기법을 기반으로 증거물을 촬영하고 현장을 기록하며 시신 등 각종 증거물을 인양하는 임무를 수행한다. 수사기법 역시 수중 현장스케치 기법 및 수중 증거물 탐색법, 현장 촬영기법, 증거물 인양법, 상황별 수중 감식기법 등으로 운용된다. 이를 위하여 기본적으로 해군은 각 함대급에 해난구조대 스쿠버(SCUBA) 기본과정과 공기심해잠수과정 교육 등을 수료한 군 수사관을 배치하고 있다.

또한, 육군 역시 계곡이나 호수 등 민물에 잔류된 수중 증거물 채취를 위하여 수중과학수사를 실시한다. 실제로 육군 군사경찰, 충남·대전지방경찰청 과학수사과, 중부·서해지방해양경찰청 과학수사계로 이뤄진 합동 수중과학수사팀에서 실시한 수중 사망 증거물 채취훈련 과정에서도 알 수 있듯이 진행과정을 보면 수중과학수사팀 수색조가 증거물 위치를 확인하고 이후에 인양조와 증거물 수집조가 카메라와 증거품 수집박스를 이용하여 투입되며 시신 및 각종 증거물 감식과 CCTV 분석을 통해 수사를 실시한 적이 있다.

| 군경 합동 수중감식(인터넷 기사 발췌)

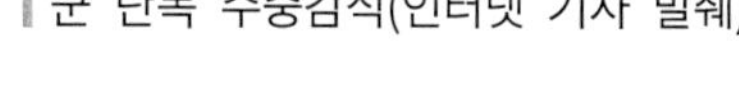
| 군 단독 수중감식(인터넷 기사 발췌)

2) "경찰 해군 수중 과학수사 역량 강화 맞손"(국방일보, 2019.7.23., 안승회 기자).

3) "수중과학수사, 육지보다 더 섬세한 증거 확보 … 물만난 완벽호흡"(2019.9.22., 임채무 기자).

제4절 전군(국방부, 육해공군) 사이버수사팀[4)]

각군은 국방부를 포함하여 사이버수사팀을 운영한다. 실제로 각군의 사이버수사팀은 인터넷 사이트에 게시되는 군기 문란자료 및 동영상을 실시간 확인하여 사안에 따라 수사로 전환하여 사건처리를 진행하고 있다. 이 외에도 자살예방 등의 활동도 하는데, 예를 들어 인터넷상의 게시물 중에 군인 등이 탑재한 것으로 판단되는 '자살' 관련 글이 확인되면 실시간 경찰과 공조하여 IP추적 등을 통하여 자살을 예방한다. 또한 사이버테러범죄도 수사한다. 실제로 군내 침입한 해킹 메일 등과 군인 등의 명의를 도용한 SNS 계정을 확인하여 수사를 하기도 하는데, 이를 지원하기 위한 서버실 등에는 50테라바이트(TB) 디지털 증거물을 보관할 수 있는 서버를 두고 있기도 하다. 이 과정에서 군은 와이파이 등을 활용한 범죄시도를 포착하거나 각종 악성코드를 분석하고 메신저 등을 악용한 범죄 추적을 하기도 한다.

▌사이버 추적 및 분석(인터넷 기사 발췌)

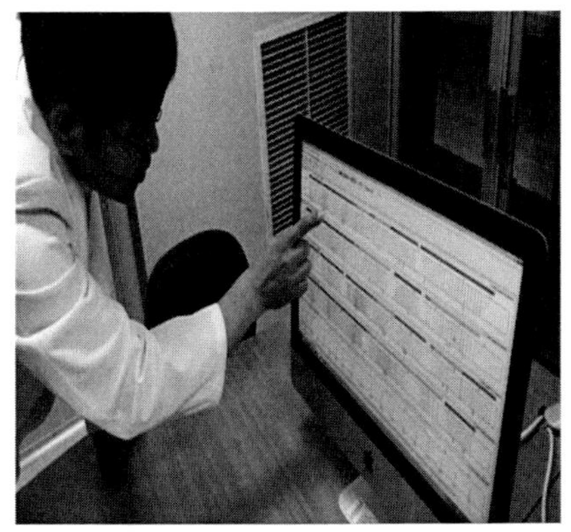

▌사이버 증거물 분석(인터넷 기사 발췌)

4) "국방부조사본부, 사이버범죄 추적수사 민군 합동 모의훈련 실시"(정책브리핑, 2012.11.5.).

제5절 국방부전문감정물 분석기관(과학수사연구소)[5][6]

국방부는 유전자 등 전문 감정물을 분석하는 과학수사연구소를 두고 있어서 과학수사를 지원하고 있다. 실제로 총기, 유전자, 문서, 지문 등의 분석 외에도 특히 범죄 관련 유전자 감정 업무 시스템 및 첨단 분석장비를 이용하여 임무를 수행한다.

먼저 국방부 과학수사연구소 총기발사실은 폭 3.9m, 거리 25m가량 발사실에서 실탄 발사실험이 가능한데, 이때 사격장 내부에 설치된 초고속 카메라가 탄두 비행 모습과 각종 화약의 분출 형태 및 불꽃들의 분출 거리, 탄두가 충격 시 파편의 비산 형태를 촬영할 수 있으며, 이를 통하여 탄두 및 탄피 발사 흔적을 비교하여 발사자를 식별하는 능력을 갖추고 있다.

총기발사 실험(인터넷 기사 발췌)

탄흔 비교 분석실험(인터넷 기사 발췌)

또한, 유전자 감정 분야로 시신 등으로부터 증거물이 될 수 있는 혈흔, 타액, 골편을 통해 DNA를 검출 및 분석함으로써 신원을 확인하고 이를 통하여 사건의 단서를 포착하고 증거를 확보하는 데 기여하고 있으며, 심지어 이 외에도 국가적 재난사태나 유해발굴 시 DNA를 분석하여 지원하는 임무도 수행하고 있다.

5) "군 과학수사의 달인들, 국방부조사본부 과학수사연구소를 가다"(서울 TV, 2020.7.1., 박홍규 기자).

6) "[안보강국의 길을 묻다] 국방부 과학수사연구소"(세계일보, 2012.7.10., 안두원 기자).

▮ 유전자 실험(인터넷 기사 발췌)

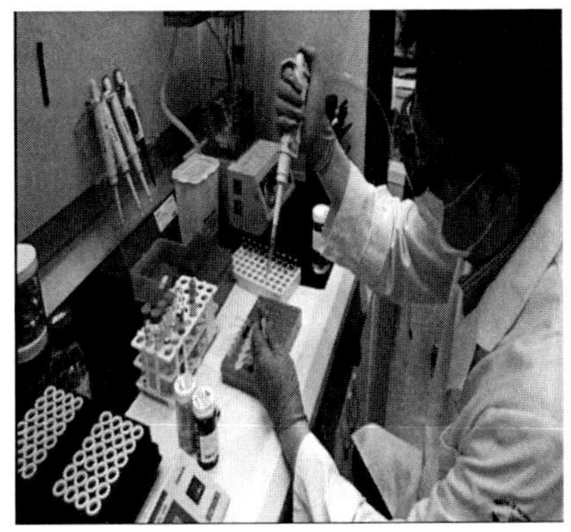

▮ 유전자 감정업무(인터넷 기사 발췌)

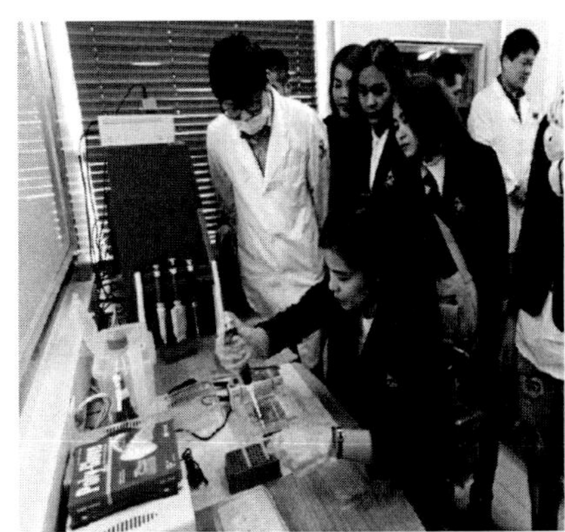

그리고 법의학과 관련하여 시신에 대한 부검을 통해 증거물을 감정하며, 약독물 화학 감정지원으로 독극물, 의약품 등 사건과 관련된 감정물에 대한 감정을 수행한다. 이와 함께 문서 등 증거물로부터 필적을 정밀 감정하고 CCTV, 사진 등 영상화질 개선과 동일 여부 비교 등 영상의 분야와 각종 감정물들을 관리하기 위하여 전문 감정정보 관리시스템(LIMS · Laboratory Information Management System)을 운용한다.

▮ 감정물 비교분석(인터넷 기사 발췌)

▮ 무결성 보장(인터넷 기사 발췌)

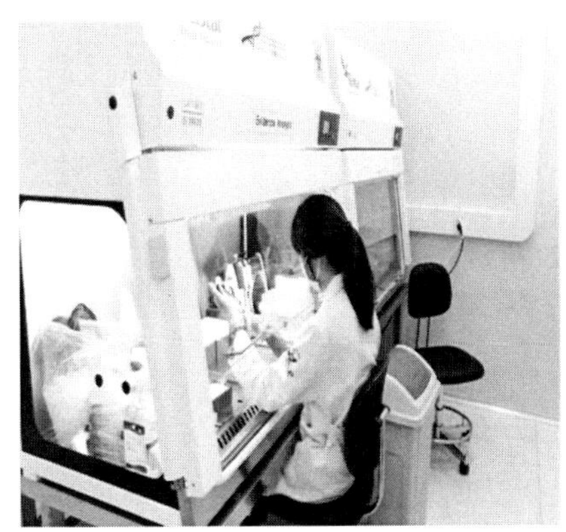

제6절 기타 군(軍) 과학수사(뇌파분석)[7]

위와 같은 과학수사 분야 외에도 군에서 뇌파분석을 통해 범인을 식별하는 프로그램을 운용 중인데, 이러한 뇌파검사는 범인이나 관계자들이 사건 관련 중요 정보나 결정적인 증거를 기억하고 있을 경우에 이러한 사항을 보게 될 때 관련 없는 사람과 달리 뇌파에 특이한 변화가 나타난다는 연구를 토대로 한 것이다. 특히 뇌파검사 실용화를 추진하는 실험을 통하여 개발된 프로그램 정확도가 84.5% 이상에 달한다.

거짓말탐지기(인터넷 기사 발췌)

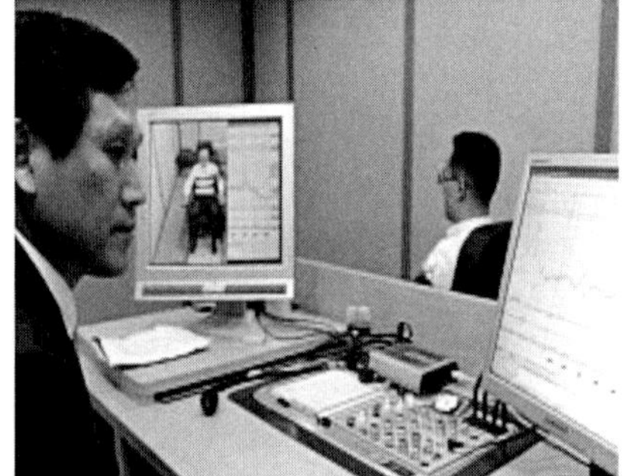

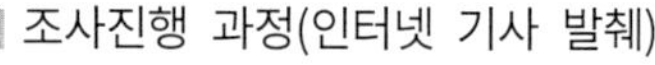

조사진행 과정(인터넷 기사 발췌)

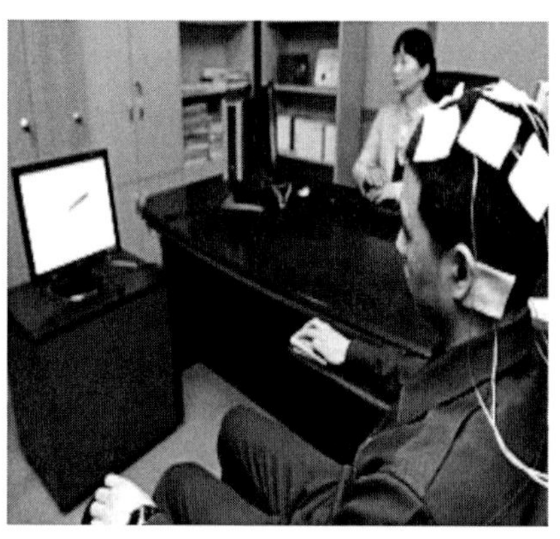

피조사 대상자 적용(인터넷 기사 발췌)

실시간 질문목록 제공(인터넷 기사 발췌)

7) "국방부 조사본부 '뇌파 검사로 범인 색출 국내 첫 개발'"(노컷뉴스, 2010.11.4., 이동직 기자).

제7절 기타 군(軍) 과학수사(드론 추적)[8]

추가로 군은 사고현장이나 항공기 추락사고 등 발생 시 현장감식 등에 활용가능한 수사용 드론을 운용 중인데, 이는 드론기체, 지상관제장치, 조정기 등으로 구성되며 운용반경 3km, 영상 실시간 전송저장, 자동복귀 기능, 암호화 통신 기능을 갖추고 있다고 알려져 있다. 또한, 암호모듈 인증제도(KCMVP)로 검증된 암호모듈이 탑재되어 각종 해킹, 재밍 차단이 가능하여 수사 보안을 보완하였으며, 드론이 촬영한 각종 영상자료들로부터 촬영 당시의 위치정보, 고도, 속도, 운영 로그기록을 분석할 수 있다.

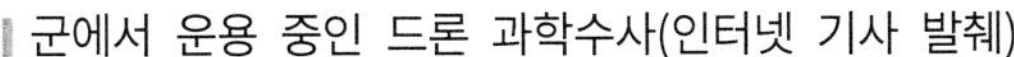
군에서 운용 중인 드론 과학수사(인터넷 기사 발췌)

제8절 기타 군(軍) 과학수사(디지털 포렌식)[9]

군은 경찰, 검찰 못지않은 디지털 포렌식 능력을 과학수사에 적용하여 활용 중이다. 실제로 각군 사이버범죄수사팀은 범죄 현장에서 컴퓨터용 하드디스크와 스마트폰 내부 데이터 추출과 복원 등과 함께 이메일, SNS 문자와 통화내역 검색 등

8) "軍 시설 촬영 드론 잡는다 … 육군, 드론 포렌식 수사체계 구축"(이데일리, 2019.4.8., 김관용 기자).

9) "軍 시설 촬영 드론 잡는다 … 육군, 드론 포렌식 수사체계 구축"(이데일리, 2019.4.8., 김관용 기자).

을 하는 과정에서 확보되는 증거들을 분석하는 과정에서 디지털 포렌식(Digital Forensic), 모바일 포렌식(Mobile Forensic), 디지털 물리복구를 수행한다.

우선 디지털 포렌식은 과학적인 증거물 수집, 분석 기법들을 말하는 '포렌식'에 디지털 기술을 적용하여 범죄와 관련된 이메일, 온라인상 접속기록 등을 수집하고 분석하는 수사기법이다.

또한, 모바일 포렌식은 스마트폰 내부 각종 데이터를 추출하고 분석하는 수사기법을 의미하며 디지털 물리복구라는 것은 각종 컴퓨터 용도 하드디스크나 USB, PDA 등 메모리 카드를 포함한 저장매체가 물리적으로 훼손되었을 경우 이를 복구하여 범죄수사를 위한 증거자료를 확보하는 수사기법이다.

❙ 디지털 포렌식(인터넷 기사 발췌)

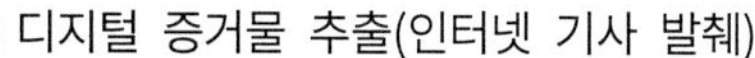

❙ 디지털 증거물 추출(인터넷 기사 발췌)

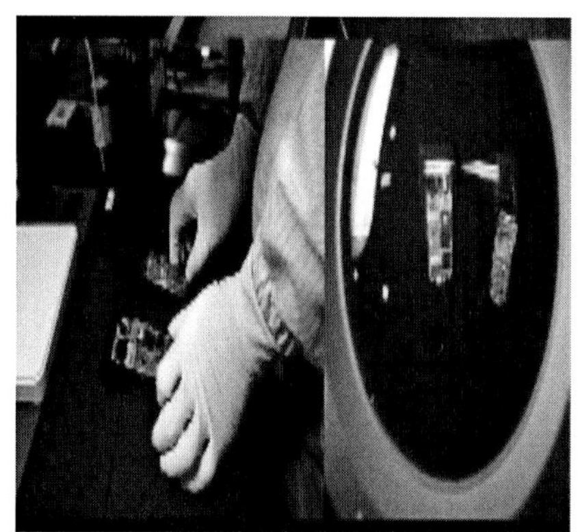

제4장 군사법원법

제1절 군사법원법과 형사소송법의 관계

군사법원법과 형사소송법은 둘 다 형사소송에 관한 절차법이라는 공통점을 가지면서도 서로 적용받는 대상자가 다르다. 또한, 군사법원법은 형사소송법과 다르게 군사법원 및 군검찰의 조직에 관한 사항을 규정함으로 인하여 형사소송 등에 관한 특성 외에도 조직법적인 성격도 지니고 있다.

그리고 평시 상황만 가정하여 규정한 형사소송법과 달리 군사법원법은 전시 및 사변에 대비한 특례 규정을 둠으로써 군 조직의 특수성을 반영하고 있다는 측면에서 형사소송법과 다르다고 하겠다.

단, 양자 간의 관계는 신분적 차이에 따른 관할 적용을 달리한다고 보아야 하므로 형법과 군형법의 관계와 같이 특별법 우선의 원칙이 적용된다고 보는 것은 무리가 있다고 할 것이다.

제2절 군사법원법의 특이점(민간, 법원, 검찰, 경찰과의 관계)

군사법원법은 앞서 기술한 바와 같이 형사소송에 관한 절차 외에 군사법 기관 조직인 군사법원과 군검찰의 조직과 운영에 관하여 규정하고 있다. 특이한 점은 군사법경찰에 관하여서는 조직에 대한 사항은 규정하고 있지 않으며, 권한과 수사관할에 대하여서만 기술하고 있다는 점이다.

이러한 점은 민간 법원이 법원조직법,[1] 검찰조직이 검찰청법,[2] 경찰조직이 구(舊)경찰법(2020년 12월 22일부로 「국가경찰과 자치경찰의 조직 및 운영에 관한 법률」로 개정)[3]에 각각 근거하여 조직의 구성 및 운영 등에 관하여 규정하고 있는 것과 차이점이 존재한다. 물론, 군사법경찰은 군사법원이나 군검찰이 해당 기관의 조직에 관한 사항을 군사법원법이라는 법률에 규정하는 것과 달리 군사경찰의 직무수행에 관한 법률과 같이 운영에 관한 법률 외에 경찰과 같이 별도의 조직에 관한 법률이 부재하다는 점에서 향후 별도의 군사경찰의 조직에 관한 법률 제정이 필요하다고 하겠다.

특이한 사항으로 위와 같은 특성이 있음에도 불구하고 군사법원의 관할 중에서 일부 특정한 사안의 경우 일반 법원의 관할을 인정하도록 하고 있는데 이러한 변화는 2021.9.24.부로 개정된 군사법원법에 따른 것(시행 2022. 7. 1.)이다.[4]

---

1) 법원조직법 제1조(목적) 이 법은 헌법에 따라 사법권을 행사하는 법원의 조직을 정함을 목적으로 한다.

2) 검찰청법 제1조(목적) 이 법은 검찰청의 조직, 직무 범위 및 인사와 그 밖에 필요한 사항을 규정함을 목적으로 한다.

3) 국가경찰과 자치경찰의 조직 및 운영에 관한 법률 제1조(목적) 이 법은 경찰의 민주적인 관리·운영과 효율적인 임무수행을 위하여 경찰의 기본조직 및 직무 범위와 그 밖에 필요한 사항을 규정함을 목적으로 한다.

4) 군사법원법 제2조(신분적 재판권) ① 군사법원은 다음 각 호의 어느 하나에 해당하는 사람이 범한 죄에 대하여 재판권을 가진다.

1.「군형법」 제1조 제1항부터 제4항까지에 규정된 사람. 다만,「군형법」 제1조 제4항에 규정된 사람 중 다음 각 목의 어느 하나에 해당하는 내국인·외국인은 제외한다.

가. 군의 공장, 전투용으로 공하는 시설, 교량 또는 군용에 공하는 물건을 저장하는 창고에 대하여「군형법」 제66조의 죄를 범한 내국인·외국인

나. 군의 공장, 전투용으로 공하는 시설, 교량 또는 군용에 공하는 물건을 저장하는 창고에 대하여「군형법」 제68조의 죄를 범한 내국인·외국인

다. 군의 공장, 전투용으로 공하는 시설, 교량, 군용에 공하는 물건을 저장하는 창고, 군용에 공하는 철도, 전선 또는 그 밖의 시설에 대하여 「군형법」 제69조의 죄를 범한 내국인·외국인

라. 가목부터 다목까지의 규정에 따른 죄의 미수범인 내국인·외국인

마. 국군과 공동작전에 종사하고 있는 외국군의 군용시설에 대하여 가목부터 다목까지의 규정에 따른 죄를 범한 내국인·외국인

2. 국군부대가 관리하고 있는 포로

② 제1항에도 불구하고 법원은 다음 각 호에 해당하는 범죄 및 그 경합범 관계에 있는 죄에 대하여 재판권을 가진다. 다만, 전시·사변 또는 이에 준하는 국가비상사태 시에는 그러하지 아니하다.

즉, 일반 법원은 군인이나 군무원 등이 범한「성폭력범죄의 처벌 등에 관한 특례법」제2조의 성폭력범죄 및 같은 법 제15조의2의 죄,「아동·청소년의 성보호에 관한 법률」 제2조 제2호의 죄, 군인이나 군무원 등이 사망하거나 사망에 이른 경우 그 원인이 되는 범죄, 군인이나 군무원이 군에 입대(임관, 임용)하기 전에 범한 죄와 그 경합범 관계에 있는 죄에 대하여서는 군사법원이 아님에도 불구하고 재판권을 가진다는 것이다. 또한, 이에 관하여 국회 법제사법위원회에 추가 군사법원법 개정안이 상정되어 있는데, 주요 내용은 사건은폐나 축소, 2차 가해 등을 우려하여 성폭력 범죄 후 발생하는 피해자 대상 합의종용 등 협박, 보복범죄나 소문유포와 같은 명예훼손 및 해당 성폭력 범죄에 대한 은폐 등 직권남용과 직무유기 혐의도 추가하자는 내용이 그것으로 해당 개정안이 국회에서 의결되면 관할 이전되는 범죄유형이 증가하게 될 수 있다.[5)]

---

1. 「군형법」 제1조 제1항부터 제3항까지에 규정된 사람이 범한 「성폭력범죄의 처벌 등에 관한 특례법」 제2조의 성폭력범죄 및 같은 법 제15조의2의 죄, 「아동·청소년의 성보호에 관한 법률」 제2조 제2호의 죄
2. 「군형법」 제1조 제1항부터 제3항까지에 규정된 사람이 사망하거나 사망에 이른 경우 그 원인이 되는 범죄
3. 「군형법」 제1조 제1항부터 제3항까지에 규정된 사람이 그 신분취득 전에 범한 죄

③ 군사법원은 공소(公訴)가 제기된 사건에 대하여 군사법원이 재판권을 가지지 아니하게 되었거나 재판권을 가지지 아니하였음이 밝혀진 경우에는 결정으로 사건을 재판권이 있는 같은 심급의 법원으로 이송(移送)한다. 이 경우 이송 전에 한 소송행위는 이송 후에도 그 효력에 영향이 없다.

④ 국방부장관은 제2항에 해당하는 죄의 경우에도 국가안전보장, 군사기밀보호, 그 밖에 이에 준하는 사정이 있는 때에는 해당 사건을 군사법원에 기소하도록 결정할 수 있다. 다만, 해당 사건이 법원에 기소된 이후에는 그러하지 아니하다.

⑤ 검찰총장 및 고소권자는 제4항 본문의 결정에 대하여 7일 이내에 대법원에 그 취소를 구하는 신청을 할 수 있다.

⑥ 제5항의 신청에 따른 심리와 절차에 관하여는 그 성질에 반하지 아니하는 범위에서 제3조의2부터 제3조의7까지의 규정을 준용한다.

5) 의안번호(18173), 군사법원법 일부 개정안 발의일(2022.11.8.), 송옥주 의원 등 10인, "현행법은 군인등의 성폭력범죄, 군인등의 사망사건 관련 범죄 및 군인등이 그 신분취득 전에 범한 죄에 대해서는 군사법원의 재판권에서 제외하여 일반법원이 재판권을 행사하도록 규정하고 있으나 군의 폐쇄, 상명하복의 조직문화로 인하여 성범죄 사건을 은폐하기 위한 협박·강요, 명예훼손·모욕, 형사사건 수사 또는 재판과 관련하여 고소·고발 등 수사의 단서를 제공한 것 등에 대한 보복범죄 및 성범죄 사건을 무마하기 위한 직무유기·직권남용 등 추가 범죄(2차 범죄)가 발생할 가능성이 높으므로 군 사법제도에 대한 국민적 신뢰를 회복하기 위하여 성폭력범죄와 밀접한 관련이 있는 범죄에 대한 재판권 또한 일반법원으로 이전할 필요가 있다는 지적이 있어 일반법원의 재판권 관할에 성범죄와 관련된 범죄 또한 명시적으로 추가함으로써 보

다만, 전시·사변 또는 이에 준하는 국가비상사태 시에는 기존대로 군사법원에서 단독으로 재판권을 유지하도록 함으로써 예외를 두고 있다.

그리고 군의 특수한 상황을 반영하여 국방부장관으로 하여금 일반법원의 재판권을 인정한 예외적인 죄의 경우라고 해도 국가안전보장, 군사기밀보호, 그 밖에 이에 준하는 사정이 있는 때에는 해당 사건을 군사법원에 기소하도록 결정할 수 있도록 하는 단서조항을 두었다. 다만, 해당 사건이 법원에 기소된 이후에는 그와 같은 조치는 불가하며 검찰총장 및 고소권자는 국방부장관의 결정에 대하여 7일 이내에 대법원에 그 취소를 구하는 신청을 할 수 있다.

제3절 군사법원에 관한 이해

우선 군사법원에 관하여 군사법원법은 그 조직, 권한 및 군판사의 자격을 법률 및 시행령으로 규정하고 있으며, 세부적인 사항으로 군사법원의 조직에 관한 규정을 두고 있다.

1. 군사법원 조직

먼저 군사법원의 조직에 관한 내용을 보면, 기존에는 군사법원을 고등군사법원과 보통군사법원으로 나누고 어느 제대에 해당 군사법원을 설치할 것인지를 규정하고 있었으나,[6] 법률 개정으로 고등군사법원은 폐지하고 1심 군사법원만 운영하

다 공정한 재판이 이루어질 수 있도록 하려는 것임(안 제2조 제2항).” 군사법원법 일부를 다음과 같이 개정한다.(안) 제2조 제2항 제2호 및 제3호를 각각 제4호 및 제5호로 하고, 같은 항에 제2호 및 제3호를 각각 다음과 같이 신설한다(안). 2. 「군형법」 제1조 제1항부터 제3항까지에 규정된 사람이 범한 제1호에 해당하는 범죄 이후에 발생한 동일 피해자에 대한 관련 범죄로서 다음 각 목의 어느 하나에 해당하는 죄, 가. 「형법」 제2편 제30장 협박의 죄 중 제283조(협박) 제1항, 제284조(특수협박) 및 제286조(미수범)의 죄, 나. 「형법」 제2편 제33장 명예에 관한 죄 중 제307조(명예훼손), 제309조(출판물 등에 의한 명예훼손) 및 제311조(모욕)의 죄, 다. 「형법」 제2편제37장 권리행사를 방해하는 죄 중 제324조(강요) 및 제324조의5(미수범)(제324조의 죄에만 해당한다)의 죄, 라. 「특정범죄 가중처벌 등에 관한 법률」 제5조의9 제2항 및 제3항의 죄, 3. 「군형법」 제1조 제1항부터 제3항까지에 규정된 사람이 범한 「형법」 제2편 제7장 공무원의 직무에 관한 죄 중 제122조(직무유기) 및 제123조(직권남용)의 죄

6) 구 군사법원법 [시행 2020. 2. 4.] [법률 제16926호, 2020. 2. 4., 일부개정] 제6조(군사법원의

는 것으로 변경되었다.[7]

이에 따라 군사법원은 국방부장관 소속으로 하며 중앙지역군사법원, 제1지역군사법원, 제2지역군사법원, 제3지역군사법원 및 제4지역군사법원으로 구분하여 설치하도록 변경되었다. 그리고 해당 군사법원의 관할은 범죄지, 피고인의 근무지나 피고인이 소속된 부대 또는 기관[국방부, 국방부 직할부대, 각 군 본부나 편제상 장성급(將星級) 장교가 지휘하는 부대 또는 기관]의 소재지, 피고인의 현재지로 하며 국외에 있는 대한민국 선박 내에서 범한 죄에 관하여는 선적지 또는 범죄 후의 선착지도 관할에 포함되며 국외에 있는 대한민국 항공기 내에서 범한 죄에 관하여는 마찬가지이다. 단, 중앙지역군사법원은 장성급 장교가 피고인인 사건과 그 밖의 중요 사건을 심판할 수 있도록 하고 있다.[8]

그리고 항소심부터는 일반법원에서 취급하며, 고등법원의 경우 군사법원의 재판에 대한 항소사건, 항고사건 및 그 밖에 다른 법률에 따라 고등법원의 권한에 속하는 사건에 대하여 심판하되 「각급 법원의 설치와 관할구역에 관한 법률」에 따른 서울고등법원에 두도록 하였다.[9]

설치) ① 고등군사법원은 국방부에 설치한다.

② 보통군사법원은 별표와 같이 설치한다.

③ 국방부장관은 전시·사변 또는 이에 준하는 국가비상사태 시에는 제2항에 따른 보통군사법원 외에 다음 각 호의 부대 등에 보통군사법원을 설치할 수 있다.

1. 전시, 사변 또는 이에 준하는 국가비상사태 시에 편성된 편제상 장성급(將星級) 장교가 지휘하는 부대
2. 편제상 장성급 장교가 지휘하는 부대 또는 기관(수사기관은 제외하며, 이하 "부대"라 한다)

④ 군사법원의 조직에 관하여 필요한 사항은 대통령령으로 정한다.

7) 군사법원법 제5조(군사법원의 종류) 삭제.

8) 군사법원법 제12조의4(군사법원의 관할) ① 군사법원의 관할은 범죄지, 피고인의 근무지나 피고인이 소속된 부대 또는 기관[국방부, 국방부 직할부대, 각 군 본부나 편제상 장성급(將星級) 장교가 지휘하는 부대 또는 기관을 말한다. 이하 "부대"라 한다]의 소재지, 피고인의 현재지로 한다.
② 국외에 있는 대한민국 선박 내에서 범한 죄에 관하여는 제1항에서 규정한 관할 외에 선적지 또는 범죄 후의 선착지도 관할로 한다.
③ 국외에 있는 대한민국 항공기 내에서 범한 죄에 관하여는 제2항을 준용한다.
④ 중앙지역군사법원은 제1항에도 불구하고 장성급 장교가 피고인인 사건과 그 밖의 중요 사건을 심판할 수 있다.

9) 군사법원법 제10조(고등법원의 심판사항) ① 고등법원은 군사법원의 재판에 대한 항소사건, 항고사건 및 그 밖에 다른 법률에 따라 고등법원의 권한에 속하는 사건에 대하여 심판한다.
② 제1항의 고등법원은 「각급 법원의 설치와 관할구역에 관한 법률」 별표 1에 따른 서울고등법원에 둔다.

2. 군사법원 구성

다음 각급 법원 구성은 기존에는 보통군사법원의 경우 재판관 1명 또는 3명으로 하며 고등군사법원은 재판관 3명 또는 5명으로 구성하고 군판사는 각군 참모총장이 영관급 이상의 소속 군법무관 중에서 임명하였으나, 법률의 개정으로 평시 1심만 유지되는 군사법원은 군판사 3명을 재판관으로 하되 약식절차에서는 군판사 1명을 재판관으로 운영한다.10)

제4절 군검찰에 관한 이해

군검찰부는 군사법원법에 근거하여 군검찰단으로 명하되 고등검찰부 및 보통검찰부로 나뉘며, 이는 국방부와 각군 본부에 그 조적을 설치하는 것을 기본으로 한다.

1. 군검찰부 관할

고등검찰부의 관할은 각 보통검찰부 관할사건에 대한 항소사건·항고사건 및 그 밖에 법률에 따라 고등검찰부의 권한에 속하는 사건으로 하되 각군 본부 고등검찰부는 필요한 경우 그 권한의 일부를 국방부 고등검찰부에 위탁할 수 있다.

또한, 보통검찰부의 관할은 국방부검찰단의 경우 국방부 본부, 국직부대 소속 군인이나 군무원이 피의자인 사건이며 각군 검찰단은 각군 본부 및 각군 직할부대 소속 군인이나 군무원이 피의자인 사건과 각군 부대의 작전지역·관할지역 또는 경비지역에 있는 자군 부대에 속하는 사람과 그 부대장의 감독을 받는 사람이 피의자인 사건, 군검찰부가 설치되는 부대의 작전지역·관할지역 또는 경비지역에 현존하는 사람과 그 지역에서 죄를 범한 군인 등이 피의자인 사건으로 한다.

물론, 국방부검찰단장은 직권 또는 각군 검찰단 소속 군검사 신청에 의해 국방부검찰단으로 사건의 관할을 이전할 수 있다.11)

---

10) 군사법원법 제22조(군사법원의 재판관) ① 군사법원에서는 군판사 3명을 재판관으로 한다.
② 제1항에도 불구하고 약식절차에서는 군판사 1명을 재판관으로 한다.

11) 군사법원법 제36조(군검찰단) ① 군검사의 사무를 관장하기 위하여 국방부장관과 각 군 참모총장 소속으로 검찰단을 설치한다.

2. 군검사의 직무

이러한 군검찰부 소속 군검사의 직무[12]는 범죄수사와 공소제기 및 그 유지에 필요한 행위, 군사법원 재판집행의 지휘·감독, 다른 법령에 따라 그 권한에 속하는 사항으로 한다. 특이한 점은 민간 검사와 달리 같은 군검사 신분이 아닌 상관인 국방부장관, 각군 참모총장의 지휘·감독을 받는다는 점이다.[13]

---

② 국방부검찰단 및 각 군 검찰단에 각각 고등검찰부와 보통검찰부를 설치하고, 보통검찰부는 제6조에 따른 군사법원에 대응하여 둔다. 다만, 필요한 경우 보통검찰부를 통합하여 둘 수 있다.

③ 국방부검찰단장은 국방부장관이 장성급 장교인 군법무관 중에서 임명한다.

④ 고등검찰부의 관할은 보통검찰부의 관할사건에 대한 항소사건·항고사건 및 그 밖에 법률에 따라 고등검찰부의 권한에 속하는 사건으로 한다. 다만, 각 군 검찰단 고등검찰부는 필요한 경우 그 권한의 일부를 국방부검찰단 고등검찰부에 위탁할 수 있다.

⑤ 국방부검찰단 및 각 군 검찰단의 보통검찰부의 관할은 다음 각 호와 같다.

1. 국방부검찰단: 국방부 본부, 국방부 직할부대 소속의 군인 또는 군무원이 피의자인 사건. 다만, 국방부검찰단장은 필요한 경우 관할의 일부를 각 군 검찰단에 위임할 수 있다.
2. 각 군 검찰단: 다음 각 목의 사건
   가. 각 군 본부, 각 군 직할부대 소속의 군인, 군무원이 피의자인 사건
   나. 각 군 부대의 작전지역·관할지역 또는 경비지역에 있는 자군(自軍)부대에 속하는 사람과 그 부대의 장의 감독을 받는 사람이 피의자인 사건
   다. 각 군 부대의 작전지역·관할지역 또는 경비지역에 현존하는 사람과 그 지역에서 죄를 범한 「군형법」 제1조에 해당하는 사람이 피의자인 사건

⑥ 제5항에도 불구하고 국방부검찰단장은 범죄의 성질, 피의자의 지위 또는 소속 부대의 실정, 수사의 상황 및 그 밖의 사정으로 인하여 수사의 공정을 유지하기 어렵다고 판단되는 경우에는 직권으로 또는 각 군 검찰단 소속의 군검사의 신청에 의하여 국방부검찰단으로 그 사건의 관할을 이전할 수 있다.

⑦ 국방부검찰단은 제5항 및 제6항에도 불구하고 장성급 장교가 피의자인 사건과 그 밖의 중요 사건을 관할할 수 있다.

⑧ 국방부검찰단 및 각 군 검찰단의 조직 및 운영 등에 필요한 사항은 대통령령으로 정한다.

12) 군사법원법 제37조(군검사의 직무) ① 군검사는 다음 각 호의 직무와 권한이 있다.

1. 범죄 수사와 공소제기 및 그 유지(항소심을 포함한다)에 필요한 행위

1의2. 군사법원 및 고등법원에 대한 법령의 정당한 적용 청구

2. 군사법원 및 고등법원 재판집행의 지휘·감독
3. 다른 법령에 따라 그 권한에 속하는 사항

② 군검사는 그 직무를 수행할 때에는 국민 전체에 대한 봉사자로서 정치적 중립을 지켜야 하며, 부여된 권한을 남용하여서는 아니 된다.

13) 군사법원법 제38조(국방부장관의 군검찰사무 지휘·감독) 국방부장관은 군검찰사무의 최고감독자로서 일반적으로 군검사를 지휘·감독한다. 다만, 구체적 사건에 관하여는 각 군 참모총장과 국방부검찰단장만을 지휘·감독한다.

3. 군검찰 소속 직원

다음으로 군검찰부 직원의 경우 검찰수사관과 검찰서기를 두며 검찰수사관은 군검사 보좌 및 군검사의 지휘를 받아 범죄를 수사하고 검찰서기는 군검사의 명령을 받아 수사에 관한 사무, 형사기록 작성과 보존, 재판집행에 관한 사무, 그 밖의 검찰행정에 관한 사무를 하도록 규정한다.14)

4. 군검사와 군사법경찰의 관계

민간 검찰과 경찰의 관계와 같이 군검사의 경우도 군사법경찰에 대하여 일반적인 수사지휘 권한이 없으며 상호 협력관계이다. 다만, 영장 등 예외적인 분야에 한해 군사법경찰관의 신청에 대한 법원에의 청구 및 집행지휘 권한을 행사하고 있다.

또한, 한때 군사법원법 제45조의 직무상 상관 조항에 대한 논란이 있었으나 최근에 「군사경찰의 직무수행에 관한 법률」이 제정되었고, 해당 법률에 군사경찰은 지휘감독 권한자는 국방부장관, 각군 참모총장, 군사경찰이 소속된 부대의 장으로 등으로 명시됨으로써 이러한 논란은 종식되었다고 하겠다.

그리고 개정 군사법원법의 경우 이러한 점을 반영하여 군검사와 군사법경찰관의 관계를 협조관계라고 명시하고 상호 협력의무 조항을 도입하였다.15)

군사법원법 제39조(각 군 참모총장의 검찰사무 지휘·감독) 각 군 참모총장은 각 군 검찰사무의 지휘·감독자로서 일반적으로 소속 군검사를 지휘·감독한다. 다만, 구체적 사건에 관하여는 소속 검찰단장만을 지휘·감독한다.

14) 군사법원법 제47조(군검찰단 직원·직무) ① 군검찰단에 검찰수사관과 검찰서기를 둔다.
② 검찰수사관 및 검찰서기는 각 군 참모총장이 소속 장교, 준사관, 부사관 및 군무원 중에서 임명한다. 다만, 국방부검찰단의 검찰수사관 및 검찰서기는 국방부장관이 임명한다.
③ 검찰수사관은 군검사를 보좌하며, 군검사의 지휘를 받아 범죄를 수사한다.
④ 검찰서기는 군검사의 명령을 받아 다음 각 호의 사무에 종사한다.
1. 수사에 관한 사무
2. 형사기록의 작성과 보존
3. 재판집행에 관한 사무
4. 그 밖의 검찰행정에 관한 사무

15) 군사법원법 제228조의2(군검사와 군사법경찰관의 협조 의무) ① 군검사와 군사법경찰관은 구체적 사건의 범죄수사 및 공소유지를 위하여 상호 간에 성실히 협력하여야 한다.
② 군검사와 군사법경찰관의 협조 의무에 관한 구체적인 사항은 대통령령으로 정한다.

참고로 위 개정 법률에 관한 세부내용을 규정하는 시행령(군검사와 군사법경찰관의 수사준칙에 관한 규정)에 관하여 살펴보면 아래와 같다.

우선, 군검사 또는 군사법경찰관은 피의자신문에 참여한 변호인이 피의자의 옆자리 등 실질적인 조력을 할 수 있는 위치에 앉도록 해야 하고, 정당한 사유가 없으면 피의자에 대한 법적인 조언·상담을 보장해야 하며, 법적인 조언·상담을 위한 변호인의 메모를 허용해야 한다. 그리고 피의자신문에 참여한 변호인은 군검사 또는 군사법경찰관의 신문 후 조서를 열람하고 의견을 진술할 수 있는데 이 경우 변호인은 별도의 서면으로 의견을 제출할 수 있으며, 군검사 또는 군사법경찰관은 해당 서면을 사건기록에 편철해야 한다.

또한, 피의자신문에 참여한 변호인은 신문 중이라도 군검사 또는 군사법경찰관의 승인을 받아 의견을 진술할 수 있다. 이 경우 군검사 또는 군사법경찰관은 정당한 사유가 있는 경우를 제외하고는 변호인의 의견진술 요청을 승인해야 하며, 변호인은 부당한 신문 방법에 대해서는 군검사 또는 군사법경찰관의 승인없이 이의를 제기할 수 있다. 이때, 군검사 또는 군사법경찰관은 의견진술 또는 이의제기가 있는 경우 해당 내용을 조서에 적어야 한다.[16)]

다음으로 군검사 또는 군사법경찰관이 피혐의자의 군 수사기관 출석조사, 피의자신문조서 작성, 긴급체포, 체포·구속영장 청구 또는 신청, 사람의 신체나 건조물 등에 대한 압수·수색 또는 검증영장(부검을 위한 검증영장은 제외한다)의 청구 또는 신청시 수사를 개시한 것으로 보고 즉시 입건해야 한다. 그리고 군검사 또는

---

16) 군검사와 군사법경찰관의 수사준칙에 관한 규정 제8조(변호인의 피의자신문 등 참여·조력) ① 군검사 또는 군사법경찰관은 피의자신문에 참여한 변호인이 피의자의 옆자리 등 실질적인 조력을 할 수 있는 위치에 앉도록 해야 하고, 정당한 사유가 없으면 피의자에 대한 법적인 조언·상담을 보장해야 하며, 법적인 조언·상담을 위한 변호인의 메모를 허용해야 한다.

군검사와 군사법경찰관의 수사준칙에 관한 규정 제9조(변호인의 의견진술·이의제기) ① 피의자신문에 참여한 변호인은 군검사 또는 군사법경찰관의 신문 후 조서를 열람하고 의견을 진술할 수 있다. 이 경우 변호인은 별도의 서면으로 의견을 제출할 수 있으며, 군검사 또는 군사법경찰관은 해당 서면을 사건기록에 편철해야 한다.

② 피의자신문에 참여한 변호인은 신문 중이라도 군검사 또는 군사법경찰관의 승인을 받아 의견을 진술할 수 있다. 이 경우 군검사 또는 군사법경찰관은 정당한 사유가 있는 경우를 제외하고는 변호인의 의견진술 요청을 승인해야 한다.

③ 제2항에도 불구하고 피의자신문에 참여한 변호인은 부당한 신문 방법에 대해서는 군검사 또는 군사법경찰관의 승인 없이 이의를 제기할 수 있다.

④ 군검사 또는 군사법경찰관은 제1항부터 제3항까지의 규정에 따른 의견진술 또는 이의제기가 있는 경우 해당 내용을 조서에 적어야 한다.

군사법경찰관은 입건하지 않는 결정을 한 때에는 피해자에 대한 보복범죄나 2차 피해가 우려되는 경우 등을 제외하고는 결정 내용을 피혐의자와 사건관계인에게 통지해야 하며,[17] 군검사와 군사법경찰관은 입건통보한 때부터 사건을 송치하기 전까지 수사와 관련하여 서로 의견을 제시·교환할 수 있다.[18]

그리고 군검사 또는 군사법경찰관은 조사, 신문, 면담 등 그 명칭에 상관없이 피의자나 사건관계인을 조사하는 경우에는 대기시간, 휴식시간, 식사시간 등 모든 시간을 합산한 조사시간이 12시간을 넘지 않도록 하되 피의자나 사건관계인이 서면으로 요청하여 조서를 열람하는 경우나 공소시효 임박 등의 예외적인 경우에는 예외로 한다. 이때, 군검사 또는 군사법경찰관은 특별한 사정이 없으면 총 조사시간 중 식사시간, 휴식시간 및 조서의 열람시간을 제외한 실제 조사시간이 8시간을 넘지 않도록 해야 하며, 특별한 사정이 없으면 피의자나 사건관계인에게 조사 도중 최소 2시간마다 10분 이상 휴식시간을 주어야 한다.[19]

---

17) 군검사와 군사법경찰관의 수사준칙에 관한 규정 제11조(수사의 개시) ① 군검사 또는 군사법경찰관이 다음 각 호의 행위에 착수한 때에는 수사를 개시한 것으로 본다. 이 경우 군검사 또는 군사법경찰관은 해당 사건을 즉시 입건해야 한다.
1. 피혐의자의 군 수사기관 출석조사
2. 피의자신문조서 작성
3. 긴급체포
4. 체포·구속영장 청구 또는 신청
5. 사람의 신체, 주거, 관리하는 건조물, 자동차, 선박, 항공기 또는 점유하는 방실(房室)에 대한 압수·수색 또는 검증영장(부검을 위한 검증영장은 제외한다)의 청구 또는 신청

④ 군검사 또는 군사법경찰관은 제3항에 따른 조사 결과 입건하지 않는 결정을 한 때에는 피해자에 대한 보복범죄나 2차 피해가 우려되는 경우 등을 제외하고는 결정 내용을 피혐의자와 사건관계인에게 통지해야 한다.

18) 군검사와 군사법경찰관의 수사준칙에 관한 규정 제12조(수사개시 통보와 의견제시) 군검사와 군사법경찰관은 군사법경찰관이 「군사법원법」(이하 "법"이라 한다) 제228조 제2항에 따라 통보한 때부터 법 제283조 제1항에 따라 군검사에게 사건을 송치하기 전까지 수사와 관련하여 서로 의견을 제시·교환할 수 있다.

19) 군검사와 군사법경찰관의 수사준칙에 관한 규정 제16조(장시간 조사 제한) ① 군검사 또는 군사법경찰관은 조사, 신문, 면담 등 그 명칭에 상관없이 피의자나 사건관계인을 조사하는 경우에는 대기시간, 휴식시간, 식사시간 등 모든 시간을 합산한 조사시간(이하 이 조에서 "총조사시간"이라 한다)이 12시간을 넘지 않도록 해야 한다. 다만, 다음 각 호의 경우는 예외로 한다.
1. 피의자나 사건관계인이 서면으로 요청하여 조서를 열람하는 경우
2. 제15조 제2항 각 호의 경우

② 군검사 또는 군사법경찰관은 특별한 사정이 없으면 총조사시간 중 식사시간, 휴식시간 및 조서의 열람시간을 제외한 실제 조사시간이 8시간을 넘지 않도록 해야 한다.

추가로 군검사 또는 군사법경찰관은 조사과정에서 피의자, 사건관계인이나 그 변호인이 사실관계 등의 확인을 위해 자료를 제출하는 경우 그 자료를 수사기록에 편철해야 하며 조사를 종결하기 전에 피의자, 사건관계인이나 그 변호인에게 자료 또는 의견을 제출할 의사가 있는지 확인하고, 자료 또는 의견을 제출받은 경우에는 해당 자료 및 의견을 수사기록에 편철해야 한다.[20]

강제수사의 경우 군사법경찰관은 긴급체포 후 12시간 내에 군검사에게 긴급체포의 승인을 요청해야 하며, 현행범인을 체포하거나 체포된 현행범인을 인도받았을 때에는 조사가 현저히 곤란하다고 인정되는 경우가 아니면 지체 없이 조사해야 하고 피의자를 체포하거나 구속하였을 때에는 소속 부대장과 변호인이 있으면 변호인에게, 변호인이 없으면 피의자가 지정한 사람에게 24시간 이내에 서면으로 통지해야 한다. 이때, 변호인 등이 체포·구속영장 등본의 교부를 청구하면 그 등본을 교부해야 하며 압수·수색 또는 검증영장을 청구하거나 신청할 때에는 압수·수색 또는 검증의 범위를 범죄 혐의의 소명에 필요한 최소한으로 정해야 하고, 수색 또는 검증할 장소·신체·물건 및 압수할 물건 등을 구체적으로 특정해야 한다. 특히, 컴퓨터용디스크 또는 그 밖에 이와 비슷한 정보저장매체에 기억된 정보를 압수할 때에는 해당 정보저장매체등의 소재지에서 수색 또는 검증한 후 범죄사실과 관련된 전자정보의 범위를 정하여 출력하거나 복제하는 방법으로 해야 하며, 전자정보의 탐색·복제·출력을 완료한 경우에는 지체없이 피압수자등에게 압수한 전

---

③ 군검사 또는 군사법경찰관은 피의자나 사건관계인에 대한 조사를 마친 때부터 8시간이 지나기 전에는 다시 조사할 수 없다. 다만, 제1항 제2호의 경우는 예외로 한다.

군검사와 군사법경찰관의 수사준칙에 관한 규정 제17조(휴식시간 부여) ① 군검사 또는 군사법경찰관은 조사에 상당한 시간이 걸리는 경우에는 특별한 사정이 없으면 피의자나 사건관계인에게 조사 도중 최소 2시간마다 10분 이상 휴식시간을 주어야 한다.

② 군검사 또는 군사법경찰관은 조사 도중 피의자, 사건관계인이나 그 변호인이 휴식을 요청하는 경우 그때까지 조사하는 데 걸린 시간, 피의자 또는 사건관계인의 건강상태 등을 고려하여 적정하다고 판단될 경우 휴식시간을 주어야 한다.

③ 군검사 또는 군사법경찰관은 조사 중인 피의자 또는 사건관계인의 건강상태에 이상 징후가 발견되면 의사의 진료를 받게 하거나 휴식하게 하는 등 필요한 조치를 해야 한다.

20) 군검사와 군사법경찰관의 수사준칙에 관한 규정 제19조(자료·의견의 제출기회 보장) ① 군검사 또는 군사법경찰관은 조사과정에서 피의자, 사건관계인이나 그 변호인이 사실관계 등의 확인을 위해 자료를 제출하는 경우 그 자료를 수사기록에 편철해야 한다.

② 군검사 또는 군사법경찰관은 조사를 종결하기 전에 피의자, 사건관계인이나 그 변호인에게 자료 또는 의견을 제출할 의사가 있는지 확인하고, 자료 또는 의견을 제출받은 경우에는 해당 자료 및 의견을 수사기록에 편철해야 한다.

자정보의 목록을 교부하고 목록에 포함되지 않은 전자정보가 있는 경우에는 해당 전자정보를 지체 없이 삭제 또는 폐기하거나 반환해야 한다. 이 경우 삭제·폐기 또는 반환확인서를 작성하여 피압수자등에게 교부하며 전자정보의 복제본을 취득하거나 전자정보를 복제할 때에는 해시값(파일의 고유값으로서 전자지문의 일종을 말한다)을 확인하거나 압수·수색 또는 검증의 과정을 촬영하는 등 전자적 증거의 동일성과 무결성(無缺性)을 보장할 수 있는 적절한 방법과 조치를 해야 한다. 또한, 군검사 또는 군사법경찰관은 압수·수색 또는 검증의 전 과정에 걸쳐 피압수자등이나 변호인의 참여권을 보장해야 하며, 피압수자등과 변호인이 참여를 거부하는 경우에는 신뢰성과 전문성을 담보할 수 있는 적절한 방법으로 압수·수색 또는 검증을 해야 한다.[21)]

---

21) 군검사와 군사법경찰관의 수사준칙에 관한 규정 제21조(긴급체포) ① 군사법경찰관은 법 제232조의3 제2항에 따라 긴급체포 후 12시간 내에 군검사에게 긴급체포의 승인을 요청해야 한다.
군검사와 군사법경찰관의 수사준칙에 관한 규정 제22조(현행범인 조사 및 석방) ① 군검사 또는 군사법경찰관은 법 제248조 또는 제249조에 따라 현행범인을 체포하거나 체포된 현행범인을 인도받았을 때에는 조사가 현저히 곤란하다고 인정되는 경우가 아니면 지체 없이 조사해야 한다.
군검사와 군사법경찰관의 수사준칙에 관한 규정 제27조(체포·구속 등의 통지) ① 군검사 또는 군사법경찰관은 피의자를 체포하거나 구속하였을 때에는 법 제232조의6 또는 제246조에서 준용하는 법 제127조에 따라 소속 부대장과 변호인이 있으면 변호인에게, 변호인이 없으면 법 제59조 제2항에 따른 사람 중 피의자가 지정한 사람에게 24시간 이내에 서면으로 다음 각 호의 사항을 통지해야 한다.
군검사와 군사법경찰관의 수사준칙에 관한 규정 제28조(체포·구속영장 등본의 교부) 군검사 또는 군사법경찰관은 법 제252조 제1항에 따른 사람이 체포·구속영장 등본의 교부를 청구하면 그 등본을 교부해야 한다.
군검사와 군사법경찰관의 수사준칙에 관한 규정 제31조(압수·수색 또는 검증영장의 청구·신청) 군검사 또는 군사법경찰관은 압수·수색 또는 검증영장을 청구하거나 신청할 때에는 압수·수색 또는 검증의 범위를 범죄 혐의의 소명에 필요한 최소한으로 정해야 하고, 수색 또는 검증할 장소·신체·물건 및 압수할 물건 등을 구체적으로 특정해야 한다.
군검사와 군사법경찰관의 수사준칙에 관한 규정 제35조(전자정보의 압수·수색 또는 검증 방법) ① 검사 또는 군사법경찰관은 법 제258조에서 준용하는 법 제146조 제3항에 따라 컴퓨터용디스크 또는 그 밖에 이와 비슷한 정보저장매체(이하 이 조에서 "정보저장매체등"이라 한다)에 기억된 정보(이하 "전자정보"라 한다)를 압수할 때에는 해당 정보저장매체등의 소재지에서 수색 또는 검증한 후 범죄사실과 관련된 전자정보의 범위를 정하여 출력하거나 복제하는 방법으로 해야 한다.
군검사와 군사법경찰관의 수사준칙에 관한 규정 시행령 제36조(전자정보의 압수·수색 또는 검증 시 유의사항) ① 군검사 또는 군사법경찰관은 전자정보의 탐색·복제·출력을 완료한 경우에는 지체 없이 피압수자등에게 압수한 전자정보의 목록을 교부해야 한다.
② 군검사 또는 군사법경찰관은 제1항의 목록에 포함되지 않은 전자정보가 있는 경우에는 해

그리고 군검사는 군사법경찰관에게 송치사건에 대해 보완수사를 요구할 수 있으며, 영장의 청구 여부를 결정하기 위해 필요한 경우에도 보완수사를 요구할 수 있다. 이때, 보완수사를 요구할 때에는 그 이유와 내용 등을 구체적으로 적은 서면으로 해야 하고 요구를 받은 군사법경찰관은 이행 결과를 군검사에게 서면으로 통보하되 보완수사요구의 내용과 방법에 의견이 있는 경우 군검사에게 서면으로 이를 제시할 수 있다. 단, 각 군 검찰부대·기관의 장은 군사법경찰관이 정당한 이유 없이 보완수사요구를 이행하지 않는 경우 해당 군사법경찰관의 소속 부대·기관의 장에게 보완수사의 이행을 요구할 수 있으며, 해당 군사법경찰관에 대하여 「군인사법」 또는 「군무원인사법」에 따른 적절한 조치를 요청할 수 있되 요구 또는 요청을 받은 소속 부대·기관의 장은 그 요구 또는 요청의 처리결과와 이유의 정당성 여부를 판단하여 자체 처리결과를 검찰부대·기관의 장에게 통보해야 한다.

참고로 피의자, 사건관계인이나 그 변호인은 군검사 또는 군사법경찰관이 수사 중인 사건의 경우 본인의 진술이 기재된 부분 및 본인이 제출한 서류의 전부 또는 일부에 대해 열람·복사를 신청할 수 있고, 피의자, 사건관계인이나 그 변호인은 군검사가 불기소처분을 한 사건에 관한 기록의 전부 또는 일부에 대해 열람·복사를 신청할 수 있다. 또한, 피의자 또는 그 변호인은 필요한 사유를 소명하고 고소장, 고발장, 이의신청서, 항고장, 재항고장의 열람·복사를 신청할 수 있는데, 이 경우 열람·복사의 대상은 피의자에 대한 혐의사실 부분으로 한정하고, 그 밖에 사건관계인에 관한 사실이나 개인정보, 증거방법 또는 고소장등에 첨부된 서류 등은 제외하며 체포·구속된 피의자 또는 그 변호인은 현행범인체포서, 긴급체포서, 체포영장, 구속영장의 열람·복사를 신청할 수 있다.[22]

당 전자정보를 지체 없이 삭제 또는 폐기하거나 반환해야 한다. 이 경우 삭제·폐기 또는 반환 확인서를 작성하여 피압수자등에게 교부해야 한다.

③ 군검사 또는 군사법경찰관은 전자정보의 복제본을 취득하거나 전자정보를 복제할 때에는 해시값(파일의 고유값으로서 전자지문의 일종을 말한다)을 확인하거나 압수·수색 또는 검증의 과정을 촬영하는 등 전자적 증거의 동일성과 무결성(無缺性)을 보장할 수 있는 적절한 방법과 조치를 해야 한다.

④ 군검사 또는 군사법경찰관은 압수·수색 또는 검증의 전 과정에 걸쳐 피압수자등이나 변호인의 참여권을 보장해야 하며, 피압수자등과 변호인이 참여를 거부하는 경우에는 신뢰성과 전문성을 담보할 수 있는 적절한 방법으로 압수·수색 또는 검증을 해야 한다.

⑤ 군검사 또는 군사법경찰관은 제4항에 따라 참여한 피압수자등이나 변호인이 압수 대상 전자정보와 사건의 관련성에 관하여 의견을 제시한 경우에는 그 의견을 조서에 적어야 한다.

22) 군검사와 군사법경찰관의 수사준칙에 관한 규정 제41조(수사서류 등의 열람·복사) ① 피의자,

제5절 군사법경찰에 관한 이해

1. 군사법경찰의 범위

군사법경찰은 군사경찰과의 장교, 준사관 및 부사관과 법령에 따라 범죄수사업무를 관장하는 부대에 소속된 군무원으로서 범죄수사업무에 종사하는 사람, 법령에 따른 방첩사령부에 소속된 장교, 준사관 및 부사관과 군무원으로서 보안 업무에 종사하는 사람 중 국방부장관이나 각군 총장이 군사법경찰관으로 지명한 사람, 검찰수사관으로 규정[23]되어 있으며, 군사법경찰리는 군사경찰 또는 방첩사령부 소속 보안업무에 종사하는 부사관과 군무원 중 국방부장관이나 각군 총장이 지명한 사람을 말한다.[24]

사건관계인이나 그 변호인은 군검사 또는 군사법경찰관이 수사 중인 사건의 경우 본인의 진술이 기재된 부분 및 본인이 제출한 서류의 전부 또는 일부에 대해 열람·복사를 신청할 수 있다.

② 피의자, 사건관계인이나 그 변호인은 군검사가 불기소처분을 한 사건에 관한 기록의 전부 또는 일부에 대해 열람·복사를 신청할 수 있다.

③ 피의자 또는 그 변호인은 필요한 사유를 소명하고 고소장, 고발장, 이의신청서, 항고장, 재항고장(이하 이 항에서 "고소장등"이라 한다)의 열람·복사를 신청할 수 있다. 이 경우 열람·복사의 대상은 피의자에 대한 혐의사실 부분으로 한정하고, 그 밖에 사건관계인에 관한 사실이나 개인정보, 증거방법 또는 고소장등에 첨부된 서류 등은 제외한다.

④ 체포·구속된 피의자 또는 그 변호인은 현행범인체포서, 긴급체포서, 체포영장, 구속영장의 열람·복사를 신청할 수 있다.

23) 군사법원법 제43조 (군사법경찰관) 다음 각 호의 어느 하나에 해당하는 사람은 군사법경찰관으로서 범죄를 수사한다.

1.「군인사법」 제5조 제2항에 따른 기본병과 중 수사 및 교정업무 등을 주로 담당하는 병과(이하 "군사경찰과"라 한다)의 장교, 준사관 및 부사관과 법령에 따라 범죄수사업무를 관장하는 부대에 소속된 군무원 중 국방부장관 또는 각 군 참모총장이 군사법경찰관으로 임명하는 사람

2.「국군조직법」 제2조 제3항에 따라 설치된 부대 중 군사보안 업무 등을 수행하는 부대로서 국군조직 관련 법령으로 정하는 부대(이하 "군사안보지원(현재 국군방첩사령부로 명칭변경) 부대"라 한다)에 소속된 장교, 준사관 및 부사관과 군무원 중 국방부장관이 군사법경찰관으로 임명하는 사람

3. 삭제

4. 검찰수사관

24) 군사법원법 제46조(군사법경찰리) 다음 각 호의 어느 하나에 해당하는 사람은 군사법경찰리(軍司法警察吏)로서 군검사 또는 군사법경찰관의 명령을 받아 수사를 보조한다.

1. 군사경찰과의 부사관과 법령에 따라 범죄수사업무를 관장하는 부대에 소속된 군무원 중 국방부장관 또는 각 군 참모총장이 군사법경찰리로 임명하는 사람

2. 군사법경찰의 수사권

군사법경찰관은 사법경찰관이 모든 수사에 관하여 검사의 지휘를 받지 않고 단독으로 수사개시를 하는 것과 같이 군검사의 지휘를 받지 않고 독자적인 수사권을 행사한다는 점에서 공통점이 있으며(단, 경찰처럼 수사종결권은 없음),[25] 예외적으로 군용물 범죄나 군사기밀보호법 위반 사건 등에 대하여 민간인을 대상으로 한 수사를 할 경우 민간 검사의 수사지휘를 받는 경우가 있다.[26][27]

또한, 특이한 점으로 앞서 언급한 것처럼 일반 법원의 재판권이 인정되는 사건에 대하여서는 범죄를 수사하는 과정에서 해당 예외적인 범죄를 인지 시 그 사건을 대검찰청, 고위공직자범죄수사처 또는 경찰청에 이첩하여야 하며, 이첩받은 사건에 관하여 검사 또는 사법경찰관이 군검사 또는 군사법경찰관에게 수사 및 영장의 집행 또는 집행지휘를 촉탁시 정당한 사유가 없으면 지체 없이 이를 이행하고, 그 결과를 통보하여야 한다.[28)

---

2. 군사안보지원(現 국군방첩사령부로 명칭변경)부대에 소속된 부사관과 군무원 중 국방부장관이 군사법경찰리로 임명하는 사람

25) 군사법원법 제228조(군검사, 군사법경찰관의 수사) ① 군검사와 군사법경찰관은 범죄 혐의가 있다고 생각될 때에는 범인, 범죄사실 및 증거를 수사하여야 한다.
② 군사법경찰관이 수사를 시작하여 입건하였거나 입건된 사건을 이첩받은 경우에는 정당한 사유가 없으면 48시간 이내에 관할 검찰단에 통보하여야 한다.

26) 군용물 등 범죄에 관한 특별조치법 제6조(검사의 수사지휘 등) ①「사법경찰관리의 직무를 수행할 자와 그 직무범위에 관한 법률」 제9조 제1항에 따라 사법경찰관리의 직무를 하는 사람은 「군형법」의 적용대상자가 아닌 이 법 위반 피의자(이하 "피의자"라 한다)에 대한 범죄수사를 할 때에는 미리 검사의 지휘를 받아야 하며 검사의 직무상 명령에 복종하여야 한다. 다만, 현행범인 경우와 긴급한 조치가 필요하여 미리 지휘를 받을 수 없는 경우에는 사후(事後)에 지체 없이 검사의 지휘를 받아야 한다.

27) 군사기밀 보호법 제22조(검사의 수사 지휘 등) ①「군사법원법」 제43조 제2호 및 제46조 제2호에 따른 군사법경찰관리는 이 법에 규정된 범죄에 관하여 「사법경찰관리의 직무를 수행할 자와 그 직무범위에 관한 법률」에서 정하는 바에 따라 사법경찰관리의 직무를 수행한다.
② 제1항에 따라 사법경찰관리의 직무를 수행하는 사람은 「군형법」의 적용을 받지 아니하는 피의자(이하 "피의자"라 한다)의 범죄를 수사할 때에는 미리 검사의 지휘를 받아야 하며, 검사가 직무상 내린 명령에 복종하여야 한다. 다만, 현행범인 경우와 긴급하여 미리 검사의 지휘를 받을 수 없는 경우에는 사후에 지체 없이 그 지휘를 받아야 한다.

28) 군사법원법 제228조(군검사, 군사법경찰관의 수사) ③ 군검사와 군사법경찰관은 제286조에도 불구하고 범죄를 수사하는 과정에서 재판권이 군사법원에 있지 아니한 범죄를 인지한 경우 그 사건을 대검찰청, 고위공직자범죄수사처 또는 경찰청에 이첩하여야 한다.
④ 제3항에 따라 이첩받은 사건에 관하여 검사 또는 사법경찰관은 다음 각 호의 어느 하나에

추가로 위 법률조항과 관련하여 예하 대통령령(법원이 재판권을 가지는 군인 등의 범죄에 대한 수사절차 등에 관한 규정)이 제정되어 시행 중인데 세부내용은 다음과 같다.

우선 군검사, 군사법경찰관, 검사 및 사법경찰관은 법원이 재판권을 가지는 범죄의 수사, 공소제기 및 공소유지와 관련하여 협력해야 하고 범죄의 수사, 공소제기 및 공소유지를 위하여 필요한 경우 수사, 기소 또는 재판 관련 자료의 제공을 서로 요청할 수 있다.[29)]

그리고 국방부, 대검찰청, 고위공직자범죄수사처, 경찰청 또는 해양경찰청은 법원이 재판권을 가지는 범죄의 수사 절차와 방법 등에 관하여 협의 또는 조정이 필요한 경우 기관 상호 간 수사협의회의 개최를 요청할 수 있고, 요청을 받은 기관은 특별한 사정이 없으면 그 요청에 따라야 한다.[30)]

단, 국방부장관은 군사보안, 군사기밀 등 사안을 고려하여 일반 법원에서 재판권을 가지는 3대 범죄라도 해당 사건을 군사법원에 기소하도록 결정할 수 있으며, 이러한 경우에는 검찰총장 및 고소권자에게 그 취지와 이유를 서면으로 통보 및 검찰총장의 의견을 들을 수 있고 국방부장관의 기소 결정에 대하여 대법원에 취소를 구하는 신청을 하는 경우 고위공직자범죄수사처장, 경찰청장 또는 해양경찰청장의 의견을 들을 수 있다.[31)]

해당하는 경우에 군검사 또는 군사법경찰관에게 수사 및 영장의 집행 또는 집행지휘를 촉탁할 수 있다.

1. 공소제기 여부 결정 또는 공소의 유지에 관하여 필요한 경우
2. 영장의 신청·청구 여부 결정이나 영장의 집행을 위하여 필요한 경우

⑤ 군검사 또는 군사법경찰관은 제4항의 촉탁이 있는 때에는 정당한 사유가 없으면 지체 없이 이를 이행하고, 그 결과를 통보하여야 한다.

29) 법원이 재판권을 가지는 군인 등의 범죄에 대한 수사절차 등에 관한 규정 시행령 제3조(상호협력의 원칙) ① 군검사, 군사법경찰관, 검사 및 사법경찰관은 법원이 재판권을 가지는 범죄의 수사, 공소제기 및 공소유지와 관련하여 협력해야 한다.

② 군검사, 군사법경찰관, 검사 및 사법경찰관은 법원이 재판권을 가지는 범죄의 수사, 공소제기 및 공소유지를 위하여 필요한 경우 수사, 기소 또는 재판 관련 자료의 제공을 서로 요청할 수 있다. ③ 군검사, 군사법경찰관, 검사 및 사법경찰관의 협의는 신속히 이루어져야 하며, 협의의 지연 등으로 수사 또는 관련 절차가 지연되지 않도록 해야 한다.

30) 법원이 재판권을 가지는 군인 등의 범죄에 대한 수사절차 등에 관한 규정 제5조(수사협의회) ① 국방부, 대검찰청, 고위공직자범죄수사처, 경찰청 또는 해양경찰청은 법원이 재판권을 가지는 범죄의 수사 절차와 방법 등에 관하여 협의 또는 조정이 필요한 경우 기관 상호 간 수사협의회의 개최를 요청할 수 있다.

② 제1항에 따른 요청을 받은 기관은 특별한 사정이 없으면 그 요청에 따라야 한다.

31) 법원이 재판권을 가지는 군인 등의 범죄에 대한 수사절차 등에 관한 규정 제6조(국방부장관의

다음으로 군검사 또는 군사법경찰관은 법원이 재판권을 가지는 범죄에 대한 고소·고발·진정·신고 등을 접수하거나 해당 범죄가 발생했다고 의심할 만한 정황을 발견하는 등 범죄를 인지한 경우 지체 없이 대검찰청, 고위공직자범죄수사처 또는 경찰청에 사건을 이첩해야 하며 이첩시 대검찰청 또는 경찰청이 지정하는 사건 관할 지방검찰청이나 경찰관서로 관계 서류와 증거물 등을 송부할 수 있다.[32]

그리고 군검사 또는 군사법경찰관은 변사자나 변사한 것으로 의심되는 사체를 발견한 때에는 검사 및 사법경찰관에게 변사사건 발생 사실을 지체 없이 통보해야 하고, 검시 또는 검증을 하는 경우 검사 및 사법경찰관에게 일정을 미리 통보하고 참여하게 할 수 있으며 검시 또는 검증에 참여한 검사 또는 사법경찰관은 필요한 경우 의견을 제시할 수 있다. 단, 변사자 등을 검시 또는 검증한 결과 범죄 혐의가 있다고 생각하는 경우 검사 또는 사법경찰관에게 해당 변사사건을 인계할 수 있다.[33]

기소 결정 등) ① 국방부장관은 법 제2조 제4항 본문에 따라 해당 사건을 군사법원에 기소하도록 결정한 경우에는 검찰총장 및 고소권자에게 그 취지와 이유를 서면으로 통보해야 한다.

② 국방부장관은 제1항의 결정 전에 검찰총장의 의견을 들을 수 있다.

③ 검찰총장은 제2항에 따라 의견을 제시하거나 법 제2조 제5항에 따라 국방부장관의 기소 결정에 대하여 대법원에 취소를 구하는 신청을 하는 경우 고위공직자범죄수사처장, 경찰청장 또는 해양경찰청장의 의견을 들을 수 있다.

32) 법원이 재판권을 가지는 군인 등의 범죄에 대한 수사절차 등에 관한 규정 제7조(사건 이첩) ① 군검사 또는 군사법경찰관은 법원이 재판권을 가지는 범죄에 대한 고소·고발·진정·신고 등을 접수하거나 해당 범죄가 발생했다고 의심할 만한 정황을 발견하는 등 범죄를 인지한 경우 법 제228조 제3항에 따라 지체 없이 대검찰청, 고위공직자범죄수사처 또는 경찰청에 사건을 이첩해야 한다.

③ 군검사 또는 군사법경찰관은 제1항에 따라 사건을 이첩하는 경우 대검찰청 또는 경찰청이 지정하는 사건 관할 지방검찰청(지방검찰청 지청을 포함한다)이나 경찰관서로 관계 서류와 증거물 등을 송부할 수 있다.

33) 군사법원법 시행령 제9조(변사사건의 통보 등) ① 군검사 또는 군사법경찰관은 변사자나 변사한 것으로 의심되는 사체를 발견한 때에는 검사 및 사법경찰관에게 변사사건 발생 사실을 지체 없이 통보해야 한다.

② 군검사 또는 군사법경찰관은 법 제264조에 따른 검시 또는 검증을 하는 경우 검사 및 사법경찰관에게 일정을 미리 통보하고 참여하게 할 수 있다.

③ 군검사 또는 군사법경찰관은 제2항에 따라 통보한 검시 일정 전에 변사자 등의 위치와 상태 등이 변경되지 않도록 현장을 보존해야 한다. 다만, 증거가 유실될 우려가 있는 등 긴급한 경우에는 최소한의 범위에서 그에 필요한 조치를 할 수 있다.

④ 제2항에 따라 검시 또는 검증에 참여한 검사 또는 사법경찰관은 필요한 경우 의견을 제시할 수 있다. 제10조(변사사건 처리) 군검사는 변사자 등을 검시 또는 검증한 결과 법 제2조 제2항 제2호의 범죄 혐의가 있다고 생각하는 경우 제9조 제4항에 따라 제시받은 의견을 고려하

단, 일반 법원에 재판권이 있는 3대 범죄라도 경우에 따라서 군검사나 군사법경찰관에게 수사를 촉탁하여 수사하게 할 수 있는데, 검사 또는 사법경찰관은 군수사기관에 촉탁을 하는 경우에는 수사절차의 신뢰성, 수사의 효율성, 사건관계인의 편의 등을 고려하여 필요한 최소한의 범위에서 하고 촉탁을 받은 군검사 또는 군사법경찰관은 지체 없이 촉탁받은 사항을 이행하고 그 결과를 관계 서류 및 증거물과 함께 서면으로 검사 또는 사법경찰관에게 송부해야 한다.[34)]

제6절 관할관에 대한 이해(군사법원법 개정으로 평시 폐지)

군사법원법 개정(2021년 9월 24일)으로 인하여 평시에 더 이상 관할관은 운용되지 않지만 전시에는 다시 정상 운용되므로 여기에서는 해당 제도를 전시를 가정하여 소개하기로 한다.

관할관이란 전시에 군사법원이 설치된 부대장인 지휘관을 의미한다. 즉, 고등군사법원과 국방부 보통군사법원의 관할관은 국방부장관이 되고, 보통군사법원 관할관은 해당 군사법원 설치 부대장으로 규정하고 있다.[35)] 이러한 관할관은 해당 군사법원의 행정사무를 지휘·감독한다.

여 검사 또는 사법경찰관에게 해당 변사사건을 인계할 수 있다.

34) 군사법원법 시행령 제14조(수사 등 촉탁) ① 검사 또는 사법경찰관은 법 제228조 제4항에 따라 촉탁을 하는 경우에는 수사절차의 신뢰성, 수사의 효율성, 사건관계인의 편의 등을 고려하여 필요한 최소한의 범위에서 해야 한다.
② 제1항에 따른 촉탁은 문서로 해야 한다. 다만, 긴급한 경우에는 전화, 팩스, 전자우편이나 그 밖의 방법으로 먼저 통지하고, 가능한 가장 빠른 일자에 해당 문서를 송부해야 한다.
③ 제1항의 촉탁을 받은 군검사 또는 군사법경찰관은 지체 없이 촉탁받은 사항을 이행하고 그 결과를 관계 서류 및 증거물과 함께 서면으로 검사 또는 사법경찰관에게 송부해야 한다.

35) 군사법원법 제534조의4(전시 군사법원의 관할관) ① 전시 군사법원의 행정사무를 관장하는 관할관(이하 "관할관"이라 한다)을 둔다.
② 고등군사법원의 관할관은 국방부장관으로 한다.
③ 보통군사법원의 관할관은 그 설치되는 부대와 지역의 사령관, 장 또는 책임지휘관으로 한다. 다만, 국방부 보통군사법원의 관할관은 고등군사법원의 관할관이 겸임한다.
④ 고등군사법원의 관할관은 국방부와 각 군 본부 보통군사법원의 행정사무를 지휘·감독하고, 각 군 본부 보통군사법원의 관할관은 예하부대 보통군사법원의 행정사무를 지휘·감독한다.

1. 관할관의 심판관 지정

전시에 군판사가 아닌 일반 군인으로 하여금 군사재판에 참여하여 재판관으로 역할을 하도록 심판관을 지정할 수 있다.36)

2. 관할관의 확인조치권

전시에 관할관은 무죄, 면소, 공소기각, 형의 면제, 형의 선고유예와 집행유예의 판결을 제외한 판결을 확인하여야 하고, 형량이 과중하다고 인정할 만한 사유가 있을 때에는 그 형을 감경할 수 있다. 이때, 확인조치는 판결이 선고된 날부터 10일 이내에 하여야 하며 확인조치 후 5일 내 피고인과 군검사에게 송달하여야 한다. 만약 확인조치 기간을 넘기면 선고한 판결대로 확인한 것으로 본다.37)

제7절 심판관 제도(군사법원법 개정으로 평시 폐지)

심판관 제도는 전시에 법관에 준하는 자격이 없는 일반 장교가 관할관에 의해 재판관으로 임명되어 군사법원의 구성원으로 군사재판에 참여하는 제도를 의미한다. 이러한 심판관은 군판사와 같은 엄격한 자격을 필요로 하지 않고 법에 관한

---

36) 군사법원법 제534조의10(심판관의 임명과 자격) ① 심판관은 다음 각 호의 자격을 갖춘 영관급 이상의 장교 중에서 관할관이 임명한다.
1. 법에 관한 소양이 있는 사람
2. 재판관으로서의 인격과 학식이 충분한 사람
② 관할관의 부하가 아닌 장교를 심판관으로 할 때에는 해당 군 참모총장이 임명한다.

37) 군사법원법 제534조의7(보통군사법원의 판결에 대한 관할관의 확인조치) ① 관할관은 무죄, 면소, 공소기각, 형의 면제, 형의 선고유예, 형의 집행유예의 판결을 제외한 보통군사법원의 판결을 확인하여야 하며, 「형법」 제51조 각 호의 사항을 참작하여 형이 과중하다고 인정할 만한 사유가 있을 때에는 그 형을 감경할 수 있다.
② 제1항의 확인조치는 판결이 선고된 날부터 10일 이내에 하여야 하며, 확인조치 후 5일 이내에 피고인과 군검사에게 송달하여야 한다. 이 경우 확인조치 기간을 넘기면 선고한 판결대로 확인한 것으로 본다.
③ 제2항에 따른 관할관의 확인조치와 그 송달에 걸린 기간은 형집행기간에 산입한다.
④ 제1항에 따라 관할관이 확인하는 판결에 대한 상소제기기간은 제400조 제2항에도 불구하고 제2항에 따른 관할관의 확인조치서가 피고인 및 군검사에 대하여 송달된 날부터 각각 진행된다.

소양이 있는 영관급 이상의 장교로서 인격과 학식이 구비되어 있으면 관할관의 임명에 의해 재판관이 될 수 있다.

단, 심판관제도는 관할관이 지정한 예외적인 사건(군사기밀 보호법 또는 군형법 등)에 관하여서만 지정토록 하였다.[38)]

제8절 전시 · 사변시 특례 규정

군사법원법은 전시 · 사변 등 국가비상사태에 대하여 특별한 규정을 두고 있다. 즉, 국가비상사태시 다시 고등군사법원이 부활하여 고등군사법원과 보통군사법원이 모두 운영된다. 그리고 이 경우에는 자동으로 일반법원에 예외적으로 재판권을 인정하였던 조항의 효력을 배제된다.

또한, 전시에는 군검찰 기관 역시 장성급 부대장이 지휘하는 부대에 설치되어 운영되므로 평시의 각군 소속으로 운영되는 군검찰단은 각급 부대별로 분할되며, 군사법경찰에서 운영하는 각군 본부 소속 전문 군사경찰 수사부대 또한 각급 장성급 부대장 소속 군사경찰부대로 전환되어 운영된다.

제9절 기타 참고사항

군사법원법은 개정을 거듭하여 최근에는 소송 기록 공개로 인한 개인정보 취약성을 고려하여 안전장치를 마련하였다.[39)] 즉, 재판장은 피해자, 증인 등 사건관계

---

38) 군사법원법 제534조의13(관할관이 지정한 사건의 정의) 제534조의12 제1항 단서 및 같은 조 제3항 단서에서 "관할관이 지정한 사건"이란 각각 관할관이 다음 각 호의 어느 하나에 해당하는 죄로만 공소제기 된 사건 중 고도의 군사적 전문지식과 경험이 필요한 사건으로서 심판관을 재판관으로 임명할 필요가 있다고 지정한 사건을 말한다.

1. 「군형법」에 규정된 죄(제2편 제15장의 강간과 추행의 죄는 제외한다)
2. 「군사기밀 보호법」에 규정된 죄

39) 군사법원법 제64조(서류 · 증거물의 열람 및 복사) ① 피고인과 변호인은 소송계속 중의 관계 서류 또는 증거물을 열람하거나 복사할 수 있다.

② 피고인의 법정대리인, 제60조에 따른 특별변호인, 제66조에 따른 보조인 또는 피고인의 배우자 · 직계친족 · 형제자매로서 피고인의 위임장과 신분관계를 증명하는 문서를 제출한 사람도 제1항과 같다.

인의 생명 또는 신체의 안전을 현저히 해칠 우려가 있는 경우에는 열람·복사에 앞서 사건관계인의 성명 등 개인정보가 공개되지 아니하도록 보호조치를 할 수 있고 세부적인 사항에 해당하는 개인정보 보호조치의 방법과 절차, 그 밖에 필요한 사항은 대법원규칙으로 정하도록 하였다.

또한, 보조인 규정[40]을 개정하여 보조인이 될 수 있는 사람이 없거나 장애 등의 사유로 보조인으로서 역할을 할 수 없는 경우에는 피고인 또는 피의자와 신뢰관계가 있는 사람이 보조인이 될 수 있도록 하였다. 물론, 보조인은 독립하여 피고인이나 피의자가 명시한 의사에 반하지 아니하는 소송행위를 할 수 있을 뿐이다.

그리고 필요적인 보석의 범위를 확정하였는데,[41] 군사법원은 보석 청구가 있을 때에는 기존에 피고인이 사형, 무기 또는 장기 10년 이상의 징역 등에 해당하는 죄를 범한 경우를 제외하고 보석을 허가하도록 하였으나 10년이 포함되는 것이 피고인 등의 보석허가 범위를 제한하는 것으로 판단하여 개정을 통해 10년을 초과하는 것으로 변경하였다. 이와 함께 군사법원의 구속집행정지 결정에 대한 군검사의 즉시항고권을 삭제함으로써 구속집행 정지 관련 군사법원의 결정에 대한 실효성을 보장받게 되었다(기존에는 군사법원에서 구속집행 정지 결정을 내려도 군검사가 즉시항고권을 행사함으로 인해 석방이 지연되는 문제가 있었다).[42]

---

③ 재판장은 피해자, 증인 등 사건관계인의 생명 또는 신체의 안전을 현저히 해칠 우려가 있는 경우에는 제1항 및 제2항에 따른 열람·복사에 앞서 사건관계인의 성명 등 개인정보가 공개되지 아니하도록 보호조치를 할 수 있다.

④ 제3항에 따른 개인정보 보호조치의 방법과 절차, 그 밖에 필요한 사항은 대법원규칙으로 정한다.

40) 군사법원법 제66조(보조인) ① 피고인 또는 피의자의 법정대리인, 배우자, 직계친족 및 형제자매는 보조인이 될 수 있다.

② 보조인이 될 수 있는 사람이 없거나 장애 등의 사유로 보조인으로서 역할을 할 수 없는 경우에는 피고인 또는 피의자와 신뢰관계가 있는 사람이 보조인이 될 수 있다.

③ 보조인이 되려는 사람은 심급별로 그 취지를 신고하여야 한다.

④ 보조인은 독립하여 피고인 또는 피의자가 명시한 의사에 반하지 아니하는 소송행위를 할 수 있다. 다만, 법률에 다른 규정이 있을 때에는 그러하지 아니하다.

41) 군사법원법 제135조(필요적 보석) 군사법원은 보석 청구가 있을 때에는 다음 각 호의 경우를 제외하고는 보석을 허가하여야 한다.

1. 피고인이 사형, 무기 또는 장기 10년이 넘는 징역이나 금고에 해당하는 죄를 범한 경우

42) 군사법원법 제141조 제4항 삭제.

추가로 형사비용 보상기간을 확장하였는데,[43] 기존에는 무죄판결 확정시로부터 6개월이던 것을 개정을 통하여 무죄판결이 확정된 사실을 안 날부터 3년, 무죄판결이 확정된 날부터 5년 이내로 변경하였다.

더불어 수사의 공정성을 확보하기 위하여[44] 군검사나 군사법경찰관리와 그 밖에 직무상 수사에 관계있는 사람으로 하여금 수사과정에서 수사와 관련하여 작성하거나 취득한 서류 또는 물건에 대한 목록을 빠짐없이 작성하도록 의무화하였다.

그리고 일반 형사소송법 개정과 연계하여 압수, 수색, 검증시 요건을 강화하도록 하여 수사기관의 무리한 강제수사를 제한하였는데,[45] 군검사와 군사법경찰관으로 하여금 범죄수사에 필요할 때에는 피의자가 죄를 범하였다고 의심할 만한 정황이 있고 해당 사건과 관계가 있다고 인정할 수 있는 것에 한정하여 관할 군사법원 군판사가 발부한 영장에 따라 압수·수색 또는 검증을 할 수 있도록 하였다.

이와 함께 압수물의 환부, 가환부를 완화하였는데,[46] 군검사는 사본을 확보한 경우 등 압수를 계속할 필요가 없다고 인정되는 압수물 및 증거에 사용할 압수물

---

43) 군사법원법 제227조의12(비용보상의 절차 등) ① 제227조의11 제1항에 따른 비용의 보상은 피고인이었던 사람의 청구에 따라 무죄판결을 선고한 군사법원에서 결정으로 한다.
② 제1항에 따른 청구는 무죄판결이 확정된 사실을 안 날부터 3년, 무죄판결이 확정된 날부터 5년 이내에 하여야 한다.

44) 군사법원법 제229조(준수사항) ③ 군검사·군사법경찰관리와 그 밖에 직무상 수사에 관계있는 사람은 수사과정에서 수사와 관련하여 작성하거나 취득한 서류 또는 물건에 대한 목록을 빠짐없이 작성하여야 한다.

45) 군사법원법 제254조(압수·수색·검증) ① 군검사는 범죄수사에 필요할 때에는 피의자가 죄를 범하였다고 의심할 만한 정황이 있고 해당 사건과 관계가 있다고 인정할 수 있는 것에 한정하여 관할 군사법원 군판사가 발부한 영장에 따라 압수·수색 또는 검증을 할 수 있다.
② 군사법경찰관은 범죄수사에 필요할 때에는 피의자가 죄를 범하였다고 의심할 만한 정황이 있고 해당 사건과 관계가 있다고 인정할 수 있는 것에 한정하여 군검사에게 신청하여 군검사의 청구로 관할 군사법원 군판사가 발부한 압수·수색영장에 따라 압수·수색 또는 검증을 할 수 있다.

46) 군사법원법 제257조의2(압수물의 환부, 가환부) ① 군검사는 사본을 확보한 경우 등 압수를 계속할 필요가 없다고 인정되는 압수물 및 증거에 사용할 압수물에 대하여 공소제기 전이라도 소유자, 소지자, 보관자 또는 제출인의 청구가 있는 때에는 환부 또는 가환부하여야 한다.
② 제1항의 청구에 대하여 군검사가 이를 거부하는 경우에는 신청인은 해당 군검사의 소속 보통검찰부에 대응한 군사법원에 압수물의 환부 또는 가환부 결정을 청구할 수 있다.
③ 제2항의 청구에 대하여 군사법원이 환부 또는 가환부를 결정하면 군검사는 신청인에게 압수물을 환부 또는 가환부하여야 한다.
④ 군사법경찰관의 환부 또는 가환부 처분에 관하여는 제1항부터 제3항까지의 규정을 준용한다. 이 경우 군사법경찰관은 군검사의 동의를 받아야 한다.

에 대하여 공소제기 전이라도 소유자, 소지자, 보관자 또는 제출인의 청구가 있는 때에는 환부 또는 가환부하도록 하고 소유자 등의 청구에 대하여 군검사가 이를 거부하는 경우 신청인은 해당 군검사 소속 보통검찰부에 대응한 군사법원에 압수물의 환부 또는 가환부 결정을 청구할 수 있도록 하였으며, 이러한 청구에 대하여 군사법원이 환부 또는 가환부를 결정하면 군검사는 신청인에게 압수물을 환부 또는 가환부하도록 하였고 군사법경찰관의 환부 또는 가환부 처분도 마찬가지로 개선하였다.

특이한 점으로 변호권을 대폭 개선하였는데,[47] 군인이나 군무원 등의 신분인 자들 사이에 발생한 범죄의 피해자 및 그 법정대리인은 형사절차상 입을 수 있는 피해를 방어하고 법률적 조력을 보장하기 위하여 변호사를 선임할 수 있고 해당 변호사는 군검사 또는 군사법경찰관의 피해자등에 대한 조사에 참여하여 의견을 진술할 수 있으며 피의자에 대한 구속 전 피의자심문, 증거보전절차, 공판준비기일 및 공판절차에 출석하여서도 의견을 진술할 수 있으며 증거보전 후 관계 서류나 증거물, 소송계속 중의 관계 서류나 증거물을 열람하거나 등사할 수 있다. 이때, 군검사는 피해자에게 변호사가 없는 경우 국선변호사를 선정하여 형사절차에서 피해자의 권익을 보호할 수 있다.

또한, 재정신청 제기 기간을 연장하였는데 군검사의 불기소처분에 대해 고소인이나 고발인이 재정신청을 할 수 있는 기간을 처분의 통지를 받은 날부터 기존 10

---

47) 군사법원법 제260조의2(군인 등 사이에 발생한 범죄의 피해군인 등에 대한 변호사 선임의 특례) ①「군형법」 제1조 제1항부터 제3항까지에 규정된 사람 사이에 발생한 범죄의 피해자 및 그 법정대리인(이하 이 조에서 "피해자등"이라 한다)은 형사절차상 입을 수 있는 피해를 방어하고 법률적 조력을 보장하기 위하여 변호사를 선임할 수 있다.
② 제1항에 따른 변호사는 군검사 또는 군사법경찰관의 피해자등에 대한 조사에 참여하여 의견을 진술할 수 있다. 다만, 조사 도중에는 군검사 또는 군사법경찰관의 승인을 받아 의견을 진술할 수 있다.
③ 제1항에 따른 변호사는 피의자에 대한 구속 전 피의자심문, 증거보전절차, 공판준비기일 및 공판절차에 출석하여 의견을 진술할 수 있다. 이 경우 필요한 절차에 관한 구체적 사항은 대법원규칙으로 정한다.
④ 제1항에 따른 변호사는 증거보전 후 관계 서류나 증거물, 소송계속 중의 관계 서류나 증거물을 열람하거나 등사할 수 있다.
⑤ 제1항에 따른 변호사는 형사절차에서 피해자등의 대리가 허용될 수 있는 모든 소송행위에 대한 포괄적인 대리권을 가진다.
⑥ 군검사는 피해자(「군형법」 제1조 제1항부터 제3항까지에 규정된 사람으로 한정한다)에게 변호사가 없는 경우 국선변호사를 선정하여 형사절차에서 피해자의 권익을 보호할 수 있다.

일 이내에서 30일 이내로 연장하였고,[48] 군사법원의 결정에 불복할 때 즉시항고 규정이 있는 경우만 항고할 수 있었던 것을 특별한 규정이 있는 경우를 제외하고는 일반적으로 군사법원의 결정에 대하여 항고를 할 수 있도록 함으로써 장병의 재판받을 권리를 강화하였다(군사법원법 제454조, 제454조의2, 제454조의3, 제459조의2 등). 그리고 판결 선고 후 판결확정 전의 미결구금일수(판결선고 당일의 구금일수를 포함한다) 전부를 본형에 산입하도록 개선하였다(군사법원법 제524조).

마지막으로 즉결심판청구 절차를 개선하였는데,[49] 군사경찰부대의 장이 국방부장관 또는 각군 총장 등의 승인을 받아 관할 군사법원에 청구할 때는 사전에 피고인에게 즉결심판의 절차를 이해하는 데 필요한 사항을 서면 또는 구두로 알려주도록 하였다.

참고로 국가정보원법 개정에 따라 국정원 직원의 경우 수사권 행사가 불가하게 됨으로써 군사법원법에 규정되었던 군사법경찰관리로서의 국가정보원 직원의 권한 역시 삭제되었다. 즉, 기존에 국가정보원장이 군사기밀 등 사건 처리를 위해 국가정보원 직원으로 하여금 군사법경찰관 또는 군사법경찰리 지위를 부여하던 조항이 삭제되었으며, 2024년 1월 1일부로 국가정보원 직원의 경우 군사법경찰관리로서 역할이 불가하게 된다.

그리고 주의할 사항으로 군사법원법 개정에 따른 3대 범죄(군인 등이 저지른 성폭력 범죄, 입대 전 범죄, 범죄로 인하여 군인 등이 사망한 경우)에 대하여 수사기관 소속이 아님에도 불구하고 각급 부대의 장은 그 부대에 소속된 사람에 대한 수사가 개시되었다는 사실에 대한 통보를 검사 또는 사법경찰관으로부터 받은 경우에는 해당

---

48) 군사법원법 제301조(재정신청) ① 고소나 고발을 한 사람은 군검사의 불기소처분에 불복할 때에는 고등법원에 그 당부(當否)에 관한 재정을 신청할 수 있다.
② 제1항의 신청은 제299조 제1항에 따른 통지를 받은 날부터 30일 이내에 서면으로 그 군검사가 소속된 보통검찰부의 장에게 제출하여야 한다.
③ 재정신청서에는 재정신청의 대상이 되는 사건의 범죄사실 및 증거 등 재정신청을 이유 있게 하는 사유를 적어야 한다.

49) 군사법원법 제501조의15(즉결심판 청구) ① 즉결심판은 관할 군사경찰부대의 장이 국방부장관 또는 소속 군 참모총장의 승인을 받아 관할 군사법원에 청구한다.
② 즉결심판을 청구할 때에는 즉결심판 청구서를 제출하여야 하며, 즉결심판 청구서에는 피고인의 성명이나 그 밖에 피고인을 특정할 수 있는 사항, 죄명, 범죄사실 및 적용법조를 적어야 한다.
③ 즉결심판을 청구할 때에는 사전에 피고인에게 즉결심판의 절차를 이해하는 데 필요한 사항을 서면 또는 구두로 알려주어야 한다.

지역을 관할하는 보통검찰부 군검사와 군사법경찰관에게 통보할 의무가 발생하도록 하는 국방부 훈령이 제정되어 시행됨으로써 이를 위반한 경우 국방부훈령 위반으로 통보의무 미준수에 따른 징계 등 제재 대상이 될 수 있어서 주의가 필요하다고 하겠다.[50)]

50) 법원이 재판권을 가지는 군인 등의 범죄에 대한 수사절차 등에 관한 훈령 제3조(국방부장관의 기소결정 대상사건의 보고) ③ 각급 부대의 장은 그 부대에 소속된 사람에 대한 수사가 개시되었다는 사실에 대한 통보를 검사 또는 사법경찰관으로부터 받은 경우에는 해당 지역을 관할하는 보통검찰부 군검사와 군사법경찰관에게 통보하여야 한다. 이 경우 군검사와 군사법경찰관은 제1항, 제2항에 따라 각각 처리한다.

제5장

군에서 형의 집행 및 군수용자에 관한 법률

제1절 형의 집행 및 수용자 처우에 관한 법률과의 관계

군행형법 및 형의 집행 및 수용자 처우에 관한 법률 모두 해당 교정시설에 수용된 인원의 교정교화와 건전한 사회복귀를 도모하고 수용자 처우와 권리 및 교정시설의 운영에 관하여 필요한 사항을 규정함을 목적으로 한다는 점에서 공통점을 지닌다고 하겠다.

단, 양자 간의 관계는 신분적 차이에 따른 관할 적용을 달리한다고 보아야 하므로 군인, 군무원 신분인 자의 경우에는 원칙적으로 형의 집행 및 수용자 처우에 관한 법률이 아닌 군행형법이 적용된다는 점에서 특별법으로 볼 수 있는 여지도 있으나 실체법이 아닌 형의 집행을 위한 절차를 규정한 법률이라는 점에서 반드시 특별법 우선 원칙을 적용하여야 한다는 주장은 검토가 필요할 것으로 보인다.

제2절 군행형법의 특이점

1. 적용범위

먼저 군행법은 적용범위에 있어서 군교정시설의 구내와 군교도관이 군인 등 신분인 수용자를 계호하고 있는 그 밖의 장소로서 교도관의 통제가 필요한 공간으로 한정된다.1)

2. 용어의 정리

일반 행의 집행 및 수용자 처우법과 달리 군행형법에서는 신분에 따른 용어의 특이사항이 존재하는데, 군행형법에서 사용되는 용어의 뜻은 다음과 같다.

용어	1. "군수형자"란 「군사법원법」에 따라 징역형, 금고형 또는 구류형을 선고받아 그 형이 확정된 사람과 벌금이나 과료를 완납하지 아니하여 같은 법 제533조에 따라 노역장유치 명령을 받은 사람을 말한다. 2. "군미결수용자"란 「군사법원법」에 따라 형사피의자 또는 형사피고인으로서 체포되거나 구속영장의 집행을 받은 사람을 말한다. 3. "사형확정자"란 「군사법원법」에 따라 사형을 선고받아 그 형이 확정되었으나 형이 집행되지 아니한 사람을 말한다. 4. "군수용자"란 군수형자, 군미결수용자, 사형확정자, 그 밖에 법률과 적법한 절차에 따라 군교도소, 군교도소 지소(지소) 및 군미결수용실(이하 "군교정시설"이라 한다)에 수용된 사람을 말한다. 5. "소장"이란 군교도소장, 군교도소 지소의 장 및 군미결수용실이 설치된 부대의 장을 말한다. 6. "군교도관"이란 군교정시설에서 군수용자의 계호(戒護), 군교정시설의 운영 및 경비 등의 업무를 담당하는 장교, 준사관, 부사관 및 군무원을 말한다.

※ 「군행형법」 제2조의 내용을 재정리함

3. 군교정시설 설치

국방부장관은 군수형자에 대한 형의 집행에 관한 사무를 관장하기 위하여 군교도소를 설치·운영하고, 필요하다고 인정하는 경우 군교도소에 지소를 설치·운영

1) 군에서의 형의 집행 및 군수용자의 처우에 관한 법률 제3조(적용범위) 이 법은 군교정시설의 구내와 군교도관(이하 "교도관"이라 한다)이 군수용자를 계호하고 있는 그 밖의 장소로서 교도관의 통제가 필요한 공간에 대하여 적용한다.

할 수 있는데,[2] 최소 설치 제대는 장성급 장교가 지휘하는 부대로 정해져 있어서 통상, 사단급 이상 부대에 설치되어 있다.

그런데 각군 중에 특히 육군의 경우에는 기존 사단급에서 운영하던 미결수용실을 임시 중지하고 군단급 이상 군사경찰부대로 통합하여 수용하고 있다. 단, 수용공간이 초과하는 등 비상상황시에는 사단급 군사경찰부대에서도 운영할 수 있다.

제3절 군수형자의 처우

1. 구분 및 분리, 독거, 혼거수용

원칙상 군수용자는 교도소에 군수형자, 미결수용실에 군미결수용자를 수용하되,[3] 미결수용실 수용인원이 정원을 훨씬 초과하여 정상적인 운영이 어려울 때, 범죄의 증거인멸을 방지하기 위하여 필요하거나 그 밖에 특별한 사정이 있을 때는 군교도소에 미결수용자를 수용할 수 있다. 그리고 군미결수용실 설치 부대장은 특별한 사정이 있을 때에는 군교도소로 이송하여야 할 군수형자를 3개월을 초과하지 아니하는 범위에서 계속하여 수용할 수 있도록 함으로써 군결수용실의 남용을 차단하고 있다.

또한, 군인, 군무원이라도 남성과 여성은 분리하여 수용하되 여성의 경우에는 법무부장관과 협의하여 민간 교정시설로 이송한다. 그리고 군수형자와 군미결수용자를 같은 군교정시설에 수용할 때에는 상호 분리하되 기본적으로 군수용자는 독거수용토록 한다. 단, 독거실 부족 등 시설이 충분하지 아니할 때, 군수용자의 생명이나 신체의 보호, 정서적 안정을 위하여 필요할 때, 군수형자의 교화 또는 건전한 사회복귀를 위하여 필요할 때에는 혼거수용을 할 수도 있다.

---

2) 군에서의 형의 집행 및 군수용자의 처우에 관한 법률 제4조(군교정시설의 설치 등) ① 국방부장관은 군수형자에 대한 형의 집행에 관한 사무를 관장하기 위하여 군교도소(이하 "교도소"라 한다)를 설치·운영하고, 필요하다고 인정하는 경우 교도소에 지소를 설치·운영할 수 있다. ② 국방부장관은 군미결수용자를 수용하기 위하여 교도소와 대통령령으로 정하는 부대에 군미결수용실(이하 "미결수용실"이라 한다)을 설치·운영할 수 있다.

3) 군에서의 형의 집행 및 군수용자의 처우에 관한 법률 제10조(구분수용) 군수용자는 다음 각 호에 따라 구분하여 수용한다.

1. 교도소(지소를 포함한다. 이하 같다): 군수형자
2. 미결수용실: 군미결수용자

그리고 혼거수용하는 경우에는 장성급 장교 및 이와 같은 대우를 받는 군무원, 장성급 장교 외의 장교, 준사관, 부사관 및 이와 같은 대우를 받는 군무원 또는 사관후보생, 병사 계층으로 구분하여 수용한다. 다만, 군수용자 죄질·성격·범죄전력·나이·경력 및 수용생활 태도, 그 밖에 군수용자의 개인 특성을 고려하여 별도로 구분하여 수용할 수 있다.[4]

2. 군수형자에 대한 각종 처우 사항

군교도소장은 교도관으로 하여금 수형자에게 형기 기산일 및 종료일, 접견·서신수수, 그 밖의 군수용자의 권리에 관한 사항, 청원, 「국가인권위원회법」에 따른 진정, 그 밖의 권리구제에 관한 사항, 징벌·규율, 그 밖의 군수용자 의무에 관한 사항, 일과 및 그 밖에 수용생활에 필요한 기본적인 사항 등을 고지하도록 한다.[5]

---

4) 군에서의 형의 집행 및 군수용자의 처우에 관한 법률 제12조(분리수용) ① 남성과 여성은 분리하여 수용한다.

② 군수형자와 군미결수용자를 같은 군교정시설에 수용할 때에는 서로 분리하여 수용한다.

군에서의 형의 집행 및 군수용자의 처우에 관한 법률 제13조(독거수용) ① 군수용자는 독거수용한다. 다만, 다음 각 호의 어느 하나에 해당하면 혼거(혼거)수용할 수 있다.

1. 독거실 부족 등 시설이 충분하지 아니할 때
2. 군수용자의 생명이나 신체의 보호, 정서적 안정을 위하여 필요할 때
3. 군수형자의 교화 또는 건전한 사회복귀를 위하여 필요할 때

② 제1항에서 규정한 사항 외에 독거수용의 구분 등 독거수용에 관하여 필요한 사항은 대통령령으로 정한다.

군에서의 형의 집행 및 군수용자의 처우에 관한 법률 제14조 (혼거수용) ① 혼거수용하는 경우에는 다음 각 호의 구분에 따라 거실(居室)을 구분하여 수용한다. 다만, 군수용자의 죄질·성격·범죄전력·나이·경력 및 수용생활 태도, 그 밖에 군수용자의 개인적 특성을 고려하여 거실을 별도로 구분하여 수용할 수 있다.

1. 장성급(將星級) 장교 및 이와 같은 대우를 받는 군무원
2. 장성급 장교 외의 장교, 준사관, 부사관 및 이와 같은 대우를 받는 군무원 또는 사관후보생
3. 병(兵)
4. 제1호부터 제3호까지에서 규정한 사람이 아닌 사람

② 제1항에서 규정한 사항 외에 혼거수용 인원의 기준, 혼거수용의 제한 등에 관하여 필요한 사항은 대통령령으로 정한다.

5) 군에서의 형의 집행 및 군수용자의 처우에 관한 법률 제17조(고지사항) 소장은 교도관으로 하여금 신입자와 다른 군교정시설에서 이송되어 온 사람에게 말이나 글로 다음 각 호의 사항을 알려주도록 하여야 한다.

1. 형기의 기산일 및 종료일

그리고 신입자나 다른 군교정시설에서 이송되어 온 사람이 있으면 그 사실을 군수용자 가족에게 지체없이 통지한다. 다만, 군수용자가 통지를 원하지 아니하면 미통지할 수 있다.

군수용자는 건강, 계절 등을 고려하여 건강유지에 적합한 의류·침구, 생활용품을 지급받게 되며 건강상태, 나이, 부과된 작업의 종류, 그 밖의 개인적 특성을 고려하여 건강 및 체력을 유지하는 데 필요한 음식물도 지급받는다.

또한, 군수용자는 소장의 허가를 받아 본인 비용으로 음식물·의류·침구, 기타 필요한 물품을 구매할 수 있다. 단, 군수용자는 서신·도서, 그 밖에 수용생활에 필요한 물품을 국방부장관이 정하는 범위에 한정하여 소지가능하다.

기타, 군수용자에 대하여 건강한 생활을 하는 데에 필요한 위생 및 의료상 적절한 조치가 취해지며 수용시설 청결 유지 협력의무를 부과할 뿐 아니라 위생을 위하여 머리나 수염을 단정하게 하도록 조치할 수 있다. 그리고 정기 건강검진 및 감염병 예방을 위하여 예방접종, 격리수용, 이송, 그 밖에 필요한 조치를 할 수 있다.

만약 군수용자가 부상을 당하거나 질병에 걸리면 적절한 치료를 하되 필요하다고 인정하면 군병원이나 군병원이 아닌 의료시설에서 진료를 받게 할 수 있다. 이때, 군수용자가 진료를 받게 되면 그 사실을 그 가족에게 지체 없이 통지하되 군수용자가 통지를 원하지 아니하면 그러하지 아니하다. 단, 소장은 군수용자가 자신의 고의 또는 중대한 과실로 부상 등을 입어 외부의료시설에서 진료를 받았을 때에는 그 진료비의 전부 또는 일부를 그 군수용자에게 부담시킬 수 있다.

이 외에 군수용자는 군교정시설 외부에 있는 사람과 접견할 수 있고 서신을 보내거나 다른 사람으로부터 서신을 받을 수 있다. 또한, 소장의 허가를 받아 군교정시설의 외부에 있는 사람과 전화통화를 할 수 있는데, 이때 허가에는 통화내용의 청취 또는 녹음을 조건으로 붙일 수 있다. 물론 통화하는 내용을 청취, 녹음하려면 미리 군수용자와 상대방에게 그 사실을 알려주어야 한다.

더불어 군수형자에 대하여는 교육, 교화프로그램, 작업, 직업훈련 등을 통해 교정·교화를 도모하고 사회생활에 적응하는 능력을 기르도록 할 수 있으며, 이를 위해 부과하는 작업은 건전한 사회복귀를 위해 기술을 습득하고, 근로의욕을 고취

---

2. 접견·서신수수, 그 밖의 군수용자의 권리에 관한 사항
3. 청원, 「국가인권위원회법」에 따른 진정, 그 밖의 권리구제에 관한 사항
4. 징벌·규율, 그 밖의 군수용자의 의무에 관한 사항
5. 일과(日課) 및 그 밖에 수용생활에 필요한 기본적인 사항

하는 데에 적합하여야 한다. 추가로 소장은 군수형자의 건전한 사회복귀와 기술 습득을 촉진하기 위하여 필요하면 군수형자를 외부기업체 등에 통근하며 작업하게 할 수 있다.

특이한 점으로 군수형자 역시 군인 등의 신분임을 감안하여 군사교육훈련을 실시할 수 있고 정신교육, 제식훈련 등 기본 군사훈련을 위주로 행하되 대신 군사교육훈련이 군수형자에 대한 징벌적 수단이나 보복조치로 악용되지 않도록 주의하여야 한다.[6]

제4절 군미결수형자의 처우

군미결수용자는 군수형자와 달리 무죄의 추정[7]을 받으며 그에 합당한 처우를 받는다. 그리고 이러한 맥락에서 군미결수용자와 변호인 접견에는 교도관이 참여하지 못하며 그 내용을 청취 또는 녹취하지 못한다. 또한, 군미결수용자와 변호인의 접견은 시간과 횟수를 제한하지 아니한다. 더불어 군판사, 군검사, 소장, 교도관 및 교도병이 아닌 사람은 군미결수용자가 수용된 거실은 참관할 수 없다. 다만, 소장은 군미결수용자로서 사건에 서로 관련이 있는 사람은 분리수용하고 서로 간의 접촉을 금지하여야 한다.

참고로 군인인 군미결수용자는 수사·재판 또는 법률로 정하는 조사에 참석할 때에는 군복을 착용하여야 한다. 단, 군무원과 민간인인 군미결수용자는 수사·재판 또는 법률에서 정하는 조사에 참석할 때 사복을 착용할 수 있으며, 군미결수용자의 머리나 수염은 특별히 필요한 경우가 아니면 본인의 의사에 반하여 짧게 깎지 못하되 군인이나 군무원인 군미결수용자의 머리나 수염에 관하여는 일반 군인이나 군무원에 준하여 깎도록 할 수 있다.

6) 군에서의 형의 집행 및 군수용자의 처우에 관한 법률 시행규칙 제61조(군사교육훈련과정) ① 군사교육훈련은 정신교육, 제식훈련 등 기본군사훈련을 위주로 실시한다.
② 소장은 군사교육훈련이 군수형자에 대한 징벌수단, 보복조치로 악용되지 않도록 주의하여야 한다.

7) 군에서의 형의 집행 및 군수용자의 처우에 관한 법률 제68조(군미결수용자 처우의 원칙) 군미결수용자는 무죄의 추정을 받으며 그에 합당한 처우를 받는다.

제5절 사형확정 군인 등의 처우

사형확정자는 미결수용실에 수용한다. 이는 실제 형의 집행이 이루어지게 될 경우 사형확정자는 수용될 이유가 없기 때문이다. 그리고 독거수용하되 자살방지 또는 교화, 작업 등을 위하여 필요한 경우에는 혼거수용할 수 있다.

참고로 소장은 사형확정자의 심리적 안정 및 원만한 수용생활을 위해 본인 신청에 따라 심리상담 또는 종교상담을 받게 하거나 작업을 부과할 수 있고 공휴일과 토요일에는 사형을 집행하지 아니한다.[8)]

제6절 안전과 질서 및 규율과 상벌

1. 안전과 질서

기본적으로 군수용자는 마약 · 총기 · 도검 · 폭발물 · 흉기 · 독극물, 그 밖에 범죄의 도구로 이용될 우려가 있는 물품, 주류 · 담배 · 화기 · 현금 · 수표, 그 밖에 시설의 안전 또는 질서를 해칠 우려가 있는 물품, 음란물, 사행행위에 사용되는 물품, 그 밖에 군수형자의 교화나 건전한 사회복귀를 해칠 우려가 있는 물품은 소지할 수 없다.[9)]

---

8) 군에서의 형의 집행 및 군수용자의 처우에 관한 법률 제77조(사형확정자의 수용과 심리상담 등) ① 사형확정자는 미결수용실에 수용한다.
② 사형확정자는 독거수용한다. 다만, 자살방지 또는 교화, 작업 등을 위하여 필요한 경우에는 국방부령으로 정하는 바에 따라 혼거수용할 수 있다.
③ 소장은 사형확정자의 심리적 안정 및 원만한 수용생활을 위하여 본인의 신청에 따라 심리상담 또는 종교상담을 받게 하거나 작업을 부과할 수 있다.
군에서의 형의 집행 및 군수용자의 처우에 관한 법률 제78조(공휴일 등의 사형 집행 금지) 공휴일과 토요일에는 사형을 집행하지 아니한다.

9) 군에서의 형의 집행 및 군수용자의 처우에 관한 법률 제79조(금지물품) 군수용자는 다음 각 호의 물품을 소지하여서는 아니 된다.
1. 마약 · 총기 · 도검 · 폭발물 · 흉기 · 독극물, 그 밖에 범죄의 도구로 이용될 우려가 있는 물품
2. 주류(酒類) · 담배 · 화기(火器) · 현금 · 수표, 그 밖에 시설의 안전 또는 질서를 해칠 우려가 있는 물품
3. 음란물, 사행(射倖)행위에 사용되는 물품, 그 밖에 군수형자의 교화나 건전한 사회복귀를 해칠 우려가 있는 물품

이를 확인하기 위해 교도관은 시설의 안전과 질서유지 차원에서 필요하면 군수용자 신체·의류·휴대품·거실 및 작업장 등을 검사할 수 있고, 이때 교도관이 군수용자 신체를 검사할 때는 불필요한 고통이나 수치심을 느끼지 아니하도록 유의하여야 하고, 특히 신체를 면밀하게 검사할 필요가 있으면 다른 군수용자가 볼 수 없는 차단된 장소에서 하여야 한다.

그리고 교도관은 자살·자해·도주·폭행·손괴, 그 밖에 군수용자의 생명·신체를 해치거나 시설의 안전이나 질서를 해치는 행위를 방지하기 위하여 필요한 범위에서 전자장비를 이용하여 군수용자나 시설을 계호할 수 있다.

또한 소장은 군수용자가 자살이나 자해의 우려가 있을 때, 신체적·정신적 질병으로 특별한 보호가 필요할 때 군의관 의견을 참고하여 보호실에 수용할 수 있다. 이때 보호실에 수용하는 기간은 15일 이내로 한다. 다만, 소장은 특별히 계속하여 군수용자를 보호실에 수용할 필요가 있으면 군의관의 의견을 참고하여 그 기간을 연장할 수 있다(기간 연장은 7일 이내로 하되, 계속하여 3개월을 초과할 수 없다).

다음으로 교도관은 군수용자를 이송, 출정, 그 밖에 군교정시설 밖의 장소로 군수용자를 호송할 때나 도주·자살·자해 또는 다른 사람에 대한 위해의 우려가 클 때, 정당한 직무집행을 방해할 때, 기구 등을 손괴하거나 그 밖에 시설의 안전이나 질서를 해칠 우려가 클 때 보호장비를 사용할 수 있다.

만약 사태가 위중하여 보호장비로 제압이 불가하거나 군수용자가 폭동을 일으키거나 일으키려고 하여 신속하게 제지하지 아니하면 그 확산을 방지하기 어렵다고 인정될 때, 도주하는 군수용자에게 교도관등이 정지할 것을 명령하였는데도 계속하여 도주할 때, 군수용자가 교도관등의 무기를 탈취하거나 탈취하려고 할 때 무기를 사용할 수 있다.

참고로 교도관은 군수용자가 도주하였을 경우 72시간 내 체포활동을 할 수 있으며 긴급히 필요하면 도주 등을 하였다고 의심할 만한 충분한 이유가 있는 사람이나 그의 소재를 안다고 인정되는 사람을 정지시켜 질문할 수 있다. 이 경우 질문을 할 때에는 신분을 표시하는 증표를 보여주고 질문의 목적과 이유를 설명하여야 한다.

2. 규율과 상벌

군수용자는 군교정시설의 안전과 질서유지를 위하여 국방부장관이 정하는 규율을 준수하여야 한다. 또한, 소장이 정하는 일과시간표를 준수하여야 하며 교도관의 직무상 지시에 복종하여야 한다.

만약 소장은 군수용자가 형사법에 저촉되는 행위, 수용생활 편의 등 자신의 요구를 관철할 목적으로 자해하는 행위, 정당한 사유 없이 작업 · 교육 등을 거부하거나 게을리하는 행위, 금지물품 반입 · 제작 · 소지 · 사용 · 수수 · 교환하거나 숨기는 행위, 다른 사람을 처벌받게 하거나 교도관 직무집행 방해할 목적으로 거짓 사실을 신고하는 행위 등을 한 경우 징벌위원회 의결에 따라 징벌을 부과할 수 있다.[10)]

이때 징벌 종류는 ① 경고, ② 50시간 이내의 근로봉사, ③ 3개월 이내의 작업장려금 삭감, ④ 30일 이내의 공동행사 참가 정지, ⑤ 30일 이내의 신문 열람 제한, ⑥ 30일 이내의 텔레비전 시청 제한, ⑦ 30일 이내의 자비구매 물품(군의관과 외부의사가 치료를 위하여 처방한 의약품은 제외한다) 사용 제한, ⑧ 30일 이내의 작업 정지, ⑨ 30일 이내의 전화통화 제한, ⑩ 30일 이내의 집필 제한, ⑪ 30일 이내 서신수수 제한, ⑫ 30일 이내의 접견 제한, ⑬ 30일 이내의 실외운동 정지, ⑭ 30일 이내의 금치 등이다.

반면 소장은 군수용자가 사람의 생명을 구조하거나 도주를 방지하였을 때, 응급용무에 공로가 있을 때, 시설의 안전과 질서유지에 뚜렷한 공이 인정될 때, 수용생활에 모범을 보이거나 건설적이고 창의적인 제안을 하는 등 특별히 포상할 필요가 있다고 인정될 때 포상할 수 있다.

3. 형사처벌

군수용자가 주류 · 담배 · 현금 · 수표를 반입하거나 소지 · 사용 · 수수 · 교환하거나 숨기는 행위 또는 군수용자에게 전달할 목적으로 주류 · 담배 · 현금 · 수표를 허가 없이 반입하거나 군수용자와 주고받거나 교환하는 행위를 하는 경우에는 6개월 이

10) 군에서의 형의 집행 및 군수용자의 처우에 관한 법률 제93조(징벌) 소장은 군수용자가 다음 각 호의 어느 하나에 해당하는 행위를 하면 제97조에 따른 징벌위원회의 의결에 따라 징벌을 부과할 수 있다.
1. 「형법」, 「폭력행위 등 처벌에 관한 법률」, 그 밖의 형사 법률에 저촉되는 행위
2. 수용생활의 편의 등 자신의 요구를 관철할 목적으로 자해하는 행위
3. 정당한 사유 없이 작업 · 교육 등을 거부하거나 게을리하는 행위
4. 제79조의 금지물품을 반입 · 제작 · 소지 · 사용 · 수수 · 교환하거나 숨기는 행위
5. 다른 사람을 처벌받게 하거나 교도관의 직무집행을 방해할 목적으로 거짓 사실을 신고하는 행위
6. 그 밖에 시설의 안전과 질서유지를 위하여 국방부령으로 정하는 규율을 위반하는 행위

하 징역 또는 200만원 이하의 벌금형에 처하도록 규정하며 미수범 역시 처벌대상이다. 또한 금지물품은 몰수처분 된다.[11]

그리고 정당한 사유 없이 비상사태 등으로 일시 석방 후 24시간 이내 군교정시설 또는 군사경찰부대나 경찰관서에 출석하지 않거나 귀휴, 외부통근, 그 밖의 사유로 소장의 허가를 받아 교도관의 계호 없이 군교정시설 밖으로 나간 후 정당한 사유 없이 정하여진 기한까지 돌아오지 않으면 1년 이하의 징역에 처하도록 하고 있다.[12]

제7절 권리의 구제수단

군수용자는 처우에 관하여 소장에게 면담을 신청할 수 있다. 이때 소장은 면담신청을 받으면 수용자가 정당한 사유없이 면담사유를 밝히지 아니할 때, 면담목적이 법령에 명백히 위배되는 사항을 요구하는 것일 때, 같은 사유로 면담사실이 있음에도 정당한 사유없이 반복하여 면담을 신청할 때, 교도관의 직무집행을 방해할 목적이라고 인정되는 충분한 이유가 있을 때를 제외하고 면담에 응하여야 한다. 단, 소장은 특별한 사정이 있으면 소속 교도관으로 하여금 그 면담을 대리하게 할 수 있다. 이 경우 면담을 대리한 사람은 그 결과를 소장에게 지체 없이 보고하여야 한다.

---

11) 군에서의 형의 집행 및 군수용자의 처우에 관한 법률 제116조(주류의 반입 등) ① 다음 각 호의 어느 하나에 해당하는 행위를 한 사람은 6개월 이하의 징역 또는 200만원 이하의 벌금에 처한다.
   1. 주류·담배·현금·수표를 군교정시설에 반입하거나 소지·사용·수수·교환하거나 숨기는 행위
   2. 군수용자에게 전달할 목적으로 주류·담배·현금·수표를 허가 없이 군교정시설에 반입하거나 군수용자와 주고받거나 교환하는 행위
   ② 제1항의 미수범은 처벌한다.
   ③ 제1항의 금지물품은 몰수한다.

12) 군에서의 형의 집행 및 군수용자의 처우에 관한 법률 제117조(출석의무의 위반 등) 다음 각 호의 어느 하나에 해당하는 행위를 한 군수용자는 1년 이하의 징역에 처한다.
   1. 정당한 사유 없이 제89조 제4항을 위반하여 일시 석방 후 24시간 이내에 군교정시설 또는 군사경찰부대나 경찰관서에 출석하지 아니하는 행위
   2. 귀휴, 외부통근, 그 밖의 사유로 소장의 허가를 받아 교도관의 계호 없이 군교정시설 밖으로 나간 후 정당한 사유 없이 정하여진 기한까지 돌아오지 아니하는 행위

그리고 군수용자는 자신의 처우에 관해 불복할 경우 국방부장관 또는 수용시설 순회점검 공무원에게 청원할 수 있다. 이때 청원하려는 군수용자는 청원서를 작성하여 봉한 후 소장에게 제출하여야 한다. 다만, 순회점검 공무원에 대한 청원은 말로도 할 수 있다. 이 과정에서 소장은 청원서를 개봉하여서는 아니되며, 이를 지체 없이 국방부장관 또는 순회점검 공무원에게 전달하여야 한다.[13)]

---

13) 군에서의 형의 집행 및 군수용자의 처우에 관한 법률 제101조(소장 면담) ① 군수용자는 그 처우에 관하여 소장에게 면담을 신청할 수 있다.

② 소장은 군수용자의 면담신청을 받으면 다음 각 호의 어느 하나에 해당하는 때를 제외하고는 면담에 응하여야 한다.

1. 정당한 사유 없이 면담사유를 밝히지 아니할 때
2. 면담목적이 법령에 명백히 위배되는 사항을 요구하는 것일 때
3. 같은 사유로 면담한 사실이 있음에도 불구하고 정당한 사유 없이 반복하여 면담을 신청할 때
4. 교도관의 직무집행을 방해할 목적이라고 인정되는 충분한 이유가 있을 때

③ 소장은 특별한 사정이 있으면 소속 교도관으로 하여금 그 면담을 대리하게 할 수 있다. 이 경우 면담을 대리한 사람은 그 결과를 소장에게 지체 없이 보고하여야 한다.

④ 소장은 면담한 결과 처리가 필요한 사항이 있으면 그 처리결과를 군수용자에게 통지하여야 한다.

군에서의 형의 집행 및 군수용자의 처우에 관한 법률 제102조(청원) ① 군수용자는 그 처우에 관하여 불복할 경우 국방부장관 또는 제7조에 따른 순회점검 공무원에게 청원할 수 있다.

② 제1항에 따라 청원하려는 군수용자는 청원서를 작성하여 봉한 후 소장에게 제출하여야 한다. 다만, 순회점검 공무원에 대한 청원은 말로도 할 수 있다.

③ 소장은 청원서를 개봉하여서는 아니 되며, 이를 지체 없이 국방부장관 또는 순회점검 공무원에게 전달하여야 한다.

④ 제2항 단서에 따라 순회점검 공무원이 군수용자의 청원을 청취하는 경우에는 해당 군교정시설의 교도관등이 참여하여서는 아니 된다.

⑤ 청원을 받은 국방부장관은 청원에 대하여 지체 없이 문서로써 결정하여야 한다.

⑥ 소장은 청원에 관한 결정서를 접수하면 청원인에게 지체 없이 전달하여야 한다.

제8절 석방 및 사망

1. 가석방과 석방

군교도소는 군수용자에 대하여 가석방 조치[14]를 할 수 있는데, 이때 구성되는 위원회는 위원장 포함 5명 이상 9명 이하 위원으로 하며 위원장은 교도소장이 되고 위원은 위원장이 군법무관, 군사경찰장교, 교정에 관한 학식경험이 풍부한 사람 중에 위촉한다. 그리고 위원회는 재적위원 과반수 출석으로 개의하고, 출석위원 과반수 찬성으로 의결하며 가석방 적격결정을 하였으면 5일 이내 국방부장관에게 가석방 허가를 신청하여야 한다.

다음으로 석방[15]은 사면이나 형기 종료 또는 권한 있는 사람의 명령에 따라 소장이 하되 사면, 가석방, 형의 집행면제, 감형에 따른 석방은 서류 도달 후 12시간 이내에 하여야 한다. 다만, 그 서류에서 석방일시를 지정하고 있으면 그 일시에 한다.

2. 사망

소장은 군수용자가 사망하였을 때에는 즉시 시신을 검시하고, 사망 사실을 사망한 사람의 가족에게 통지하여야 한다. 그리고 사망한 군수용자 친족이나 군수용자와 특별한 연고가 있는 사람이 그 시신이나 유골 인도를 청구하면 인도하여야 한다.[16]

단, 소장은 사망 통지를 받은 사람이 통지를 받은 날부터 3일 이내 시신을 인수하지 아니하거나 시신을 인수할 사람이 없으면 임시로 매장하되 감염병 예방 등을 위하여 필요하면 즉시 화장을 하는 등 필요한 조치를 할 수 있다.

---

14) 군에서의 형의 집행 및 군수용자의 처우에 관한 법률 제104조(가석방심사위원회) 「형법」 제72조에 따른 가석방의 적격 여부를 심사하기 위하여 교도소에 가석방심사위원회(이하 이 장에서 "위원회"라 한다)를 둔다.

15) 군에서의 형의 집행 및 군수용자의 처우에 관한 법률 제108조(석방) 군수용자의 석방은 사면(赦免)이나 형기 종료 또는 권한 있는 사람의 명령에 따라 소장이 한다.

16) 군에서의 형의 집행 및 군수용자의 처우에 관한 법률 제112조(검시 및 사망 통지) 소장은 군수용자가 사망하였을 때에는 즉시 그 시신을 검시하고, 사망사실을 사망한 사람의 가족(가족이 없을 때에는 다른 친족을 말한다)에게 통지하여야 한다.

제9절 기타사항

2020년, 국방부에서는 「군인사법 시행령」 일부개정령을 개정하였는데, 이에 따르면 全 군의 '헌병' 병과 명칭은 일제시대 잔재이며 구시대적이고 부정적 의미로 인식되어 국방개혁 2.0과 연계한 헌병의 개혁 등 일환으로 헌병작전, 수사, 사고예방, 경호경비 등을 모두 표현하는 의미인 '군사경찰' 병과로 개정함에 따라「군에서의 형의 집행 및 군수용자의 처우에 관한 법률」의 '헌병'을 '군사경찰'로 변경하였다.[17]

17) 군에서의 형의 집행 및 군수용자의 처우에 관한 법률 제89조, 제105조, 제117조.

저자약력

김 호

육군사관학교 졸업
서울대학교 법과대학 졸업
동국대학교 법학박사 졸업(법학박사, 범죄수사법전공)
지상작전사령부 군사경찰단 수사과 사건속보담당
육군본부 군사경찰실 예방분석담당
국방부조사본부 수사단 수사상황실장
국방부조사본부 범죄정보실 범죄정보담당
육군 75사단 군사경찰대대장
육군 12사단 군사경찰대대장

류지웅

동국대학교 법과대학 법학과 졸업
동국대학교 일반대학원 법학과 졸업(법학박사, 공법전공)
동국대학교 경찰사법대학 강사
동국대학교 법과대학 연구교수
한국공학대학 교양교육원 강사

군사법개론

초판발행 2024년 1월 31일

지은이 김 호·류지웅
펴낸이 안종만·안상준

편 집 사윤지
기획/마케팅 정연환
표지디자인 이수빈
제 작 고철민·조영환

펴낸곳 (주) 박영사
서울특별시 금천구 가산디지털2로 53, 210호(가산동, 한라시그마밸리)
등록 1959. 3. 11. 제300-1959-1호(倫)
전 화 02)733-6771
f a x 02)736-4818
e-mail pys@pybook.co.kr
homepage www.pybook.co.kr
ISBN 979-11-303-4392-1 93360

정 가 14,000원